地图说史 02

Mapping the History of France

朱 明 著

地图上的法国史

第二版

東方出版中心

编　者　按

为了尽可能保证文图对照，书中地图可能标出了某些在全图比例尺下不太可能显示出来的地名，为求严谨，略去比例尺，请读者仅将书中地图作为简明绘制的示意地图参阅使用。

地理空间是恢宏民族历史剧的舞台，这本书通过一幅幅地图展现法国多彩的历史，生动直观，就如欣赏一部史诗巨剧，让你一下子就融入到法兰西遥远的时空之中了。

——沈坚，法国史研究专家
中国法国史研究会会长
中国历史研究会副会长
浙江大学教授

历史地理学在我国……世界史研究领域及面向学生和公众的历史教学领域，相关应用极少。这套“地图说史”丛书，别出心裁，用简明易懂的地图并配以简短的文字说明来讲述历史，希望推动世界历史初学者一开始就形成结合地图来阅读历史，甚至自己动手绘制历史地图的习惯，同时激发学界、历史教育界关注这个重要的领域。

——沈志华，著名历史学家
华东师范大学历史系终身教授

……把文字的想象力和地图的表现力结合在了一起，文字力求通俗但也严谨，地图力求简明但仍有理有据，让历史的讲述更加丰富直观，也能推动初学者一开始就形成“把历史放置在特定时空中去考虑”的正确观念。

——邢来顺，德国史研究专家
中国德国史研究会会长
华中师范大学教授

以往的历史书写大多是在时间的维度上展开，而本套丛书则将历史置于空间中进行展现，这是历史观念和历史书写上的一种创新，丰富了历史的内涵。

——李宏图，法国研究史专家
中国法国史研究会副会长
复旦大学教授

时间、空间与人，这三个要素齐备，可以定位人类的任何知识，把握历史中种种变化的本源。自古以来，人们对地形、距离、空间、边界、世界的认知，在世界历史的进展中刻蚀出一层一层的标记。“地图说史”丛书凸显了史地不可分的历史学理念，这应是学习历史的正途。

——陈新，中国公众史学领域领军人物
浙江大学教授

……中学历史教师参考丛书备课，既可省却绘制地图之苦，亦可有丰富教学内容之助……多年关注中学历史教育……很愿意向大家推荐这套丛书！

——任鹏杰，陕西师范大学基础教育研究院院长
《中学历史教学参考》主编

“地图说史”丛书……开启了以图像叙事和文字叙事互为关照撰写中学历史读本之先河。……图文互释，链接时空；古今贯通，领悟真谛。“地图说史”丛书的多样性和多层面，使历史在中学课堂中与我们的直接感知更加呼应、互相衔接。中学历史不再是枯燥的说教，而是亲切的立体的叙事。它正在改变中学历史教学。

——周靖，华东师范大学第二附属中学历史特级教师
上海市教育学会中学历史专业委员会副会长

时间与空间就像是人类历史进程的经纬线，缺一不可。发生在特定经纬线交叉点上的重大历史事件，与出现的重要历史人物，往往会改变与影响历史的进程，令后人神往遐想和思绪万千。

——孔繁刚，上海中学历史特级教师
全国历史教研会学术委员会委员

历史发生在特定的时空中，没有地图的历史显然是苍白无力的。这套书有图有趣有真相，是爱好历史的人士必读之书。

——王雄，扬州中学历史特级教师
江苏省首届教授级中学高级教师
扬州市历史学科带头人

时空观念是历史学科的核心素养之一，古人即有“左图右史”之说。历史地图是历史事实形象生动的表现形式，既是知识成果的载体，也是教学的工具，利用历史地图进行历史教学，有利于学生形成准确的空间概念，加深对所学知识的理解。“地图说史”丛书具有简洁明快、化繁为简、直观形象等特点，清晰明了地把某些复杂难懂的历史事件、历史概念和历史结论生动活泼地阐释清楚，并揭示其内在本质，激发学生的学习兴趣，使学生产生深刻的印象，教师在操作时也可信手拈来，简便易行。对于中学师生培养必需的世界历史素养而言，这是一套难得的佳作。

——徐贵亮，安徽省教育科学研究院副院长
历史教研员，特级教师

目录

1. 高卢时代的法国 / 1
2. 恺撒征服高卢 / 5
3. 高卢的罗马化 / 7
4. 日耳曼人入侵高卢 / 11
5. 克洛维与法兰克王国的崛起 / 13
6. 托尔比亚克之战 / 17
7. 克洛塔尔的短暂统一 / 21
8. 墨洛温王朝的分合与衰落 / 23
9. 法国的基督教化 / 27
10. 加洛林王朝的兴起 / 29
11. 查理曼与帝国的峥嵘岁月 / 33
12. 凡尔登条约和帝国三分 / 35
13. 西法兰克王国的开端 / 39
14. 维京人的时代——西法兰克王国的内外交困 / 41
15. 从巴黎伯爵到卡佩王朝 / 45
16. 法国封建领地的形成 / 47
17. 大领主堆里的小国王 / 51
18. 克吕尼修道院的改革 / 53

19. 上帝的和平运动 / 57
20. 圣伯尔纳与西多会修道院改革 / 59
21. 艰难的转折 / 63
22. “奥古斯都”腓力二世的丰功伟绩 / 65
23. 异端卡塔尔派 / 69
24. 十字军东征中的法国人 / 71
25. 自治城市的兴起 / 75
26. 香槟集市——中世纪的商业革命 / 77
27. 哥特式大教堂 / 81
28. 金马刺战役——腓力四世与弗兰德尔伯国 / 83
29. 百年战争的爆发 / 87
30. 百年战争中后期 / 89
31. 勃艮第王朝的兴衰 / 93
32. 南锡之战与勃艮第王朝的终结 / 95
33. 整合领土的“蜘蛛国王” / 99
34. 朗格多克-鲁西永——同西班牙的渊源 / 101
35. 卢瓦尔河上的城堡 / 105
36. 法国的意大利战争 / 107
37. 胡格诺战争 / 111
38. 黎塞留的拉罗歇尔之战 / 113
39. 罗克鲁瓦战役——三十年战争中的法国战场 / 117
40. 三十年战争后的法西对决 / 119
41. 路易十四时期的对外扩张 / 123
42. 西班牙王位继承战争中的法国 / 127
43. 七年战争中的法国 / 129
44. 启蒙运动的名人们 / 133
45. 巴黎之一——从寂寂无名到王国首都 / 135
46. 法国大革命 / 139

47. 从领地到省——法国行政区划的变迁 / 141
48. 拿破仑帝国 / 145
49. 第二帝国与普法战争 / 149
50. 巴黎之二——奥斯曼的城市改造/ 151
51. 印象派的法国 / 155
52. 美好时代 / 157
53. 法兰西殖民帝国 / 161
54. 第一次世界大战的西线战场 / 165
55. 二战中的法国 / 167
56. 消弭纷争：从欧洲共同体到欧盟 / 171
57. 阿尔及利亚的独立 / 173
58. 法国的高铁 / 177
59. 法国语言和文化的世界性 / 179
60. 21 世纪的新发展——地中海联盟 / 183

法国历代统治者 / 185
参考文献 / 188

地图目录

图 1　高卢时代的法国 / 2
图 2　恺撒的高卢战争 / 4
图 3　罗马化时代的高卢 / 8
图 4　日耳曼人的入侵 / 10
图 5－1　公元 481 年的高卢 / 14
图 5－2　克洛维的征服 / 16
图 6　克洛维时代 / 18
图 7　克洛维去世时的法兰克王国 / 20
图 8　墨洛温诸王国 / 24
图 9　公元 561 年的法兰克王国 / 26
图 10　法兰克王国的扩张 / 30
图 11　查理曼时代法兰克帝国的扩张 / 32
图 12　凡尔登条约(公元 843 年) / 36
图 13　梅尔森条约(公元 870 年) / 38
图 14　维京人的入侵 / 42
图 15　卡佩王朝的兴起 / 44
图 16　于格・卡佩统治时期的法兰克王国 / 48
图 17　公元 1030 年的法兰西 / 50

图 18 克吕尼修道院分布(10 世纪) / 54
图 19 上帝的和平运动 / 56
图 20 西多派修道院分布(12 世纪) / 60
图 21 公元 1180 年的法国 / 62
图 22 腓力二世的征服 / 66
图 23 卡塔尔派的分布(13 世纪) / 68
图 24 法国人参与的六次十字军东征 / 72
图 25 法国的自治城市(13 世纪) / 74
图 26 香槟集市与欧洲中世纪商路 / 78
图 27 12 世纪前后欧洲的艺术 / 80
图 28 1300 年前后的法国 / 84
图 29 百年战争第一阶段 / 86
图 30 百年战争第二阶段(1431 年) / 90
图 31 勃艮第王朝的发展历程(至 1477 年) / 92
图 32 南锡之战 / 96
图 33 路易十一时代的法国(1477 年) / 98
图 34 马约卡王国 / 102
图 35 卢瓦尔河上的城堡 / 104
图 36 法国的意大利战争 / 108
图 37 胡格诺战争 / 110
图 38 拉罗歇尔之战 / 114
图 39 三十年战争 / 116
图 40 法西对决(16—17 世纪下半叶) / 120
图 41-1 路易十四的用兵形势 / 122
图 41-2 路易十四的征服 / 124
图 42 西班牙王位继承战争 / 126
图 43 七年战争中的阵营 / 130
图 44 启蒙运动中的名人们 / 132

图 45 15 世纪的巴黎 / 136
图 46 大革命时期的法国 / 138
图 47－1 领地时代的法国 / 142
图 47－2 法国的行省区划 / 144
图 48 拿破仑时代的欧洲 / 146
图 49 普法战争 / 148
图 50 现代巴黎 / 152
图 51 莫奈的生活轨迹 / 154
图 52 美好时代 / 158
图 53－1 法国获取的殖民地(新大陆) / 160
图 53－2 法国获取的殖民地(旧大陆) / 162
图 54 第一次世界大战的西线战场 / 164
图 55 二战中的法国 / 168
图 56 欧盟成员国(至 2013 年) / 170
图 57 法占西非的独立战争 / 174
图 58 法国的高铁 / 176
图 59 法语在全世界的使用 / 180
图 60 地中海联盟 / 182

1. 高卢时代的法国

法国这片土地上最早的居民是凯尔特人，到公元前 500 年，凯尔特人已经成为法国的主要居民。罗马人将居住在今天法国、比利时、瑞士、德国南部和意大利北部的那部分凯尔特人统称为高卢人。虽然高卢人内部部落繁多，但他们大都与日耳曼人以及罗马人的冲突和碰撞频繁不断。不过由于与日耳曼人毗邻而居，相互之间影响很大，在很多方面都有极强的共性。

高卢人身材魁梧、金发碧眼，与身材矮小的罗马人形成了鲜明的对比。对高卢人颇为了解的恺撒评价他们性情浮躁、行事轻率、反复无常，与今日法国人的特性颇为相似。但是他们作战时却狂热顽强，往往奋不顾身地扑向敌人。

与罗马人的先进制度相比，高卢人的制度发展相当滞后，与日耳曼人一道被罗马人称作蛮族。但是这些蛮族却不容小觑，罗马在早期国家形成的过程中，经常受到来自高卢人的侵扰，时间长达数个世纪。

高卢人在公元前 5 世纪末开始进入意大利北部的波河流域定居，将触角直接伸到了罗马人的家门口。公元前 4 世纪初，高卢人进一步向南扩张，逼近了罗马人所在的拉丁姆地区（相当于今天意大利的拉齐奥大区），攻陷和劫掠了这个地区的许多城邦（参见图 2）。公元前 385 年，高卢人与罗马人第一次交手，罗马人大败，高卢人接着便攻占了罗马，对这个城市大肆掠夺了一番，直到收取罗马人的巨额赔款后才扬长而去。这次失败也成为罗马人的奇耻大辱，推动了此后罗马军队的改革。

罗马人忍辱负重，经过一个半世纪的厉兵秣马、富国强兵，在整个意大利半岛进行不懈的扩张。高卢人在意大利北部的势力仍是罗马人的心头之患，但是他们已能够屡次击退高卢人的侵犯。公元前 225 年，罗

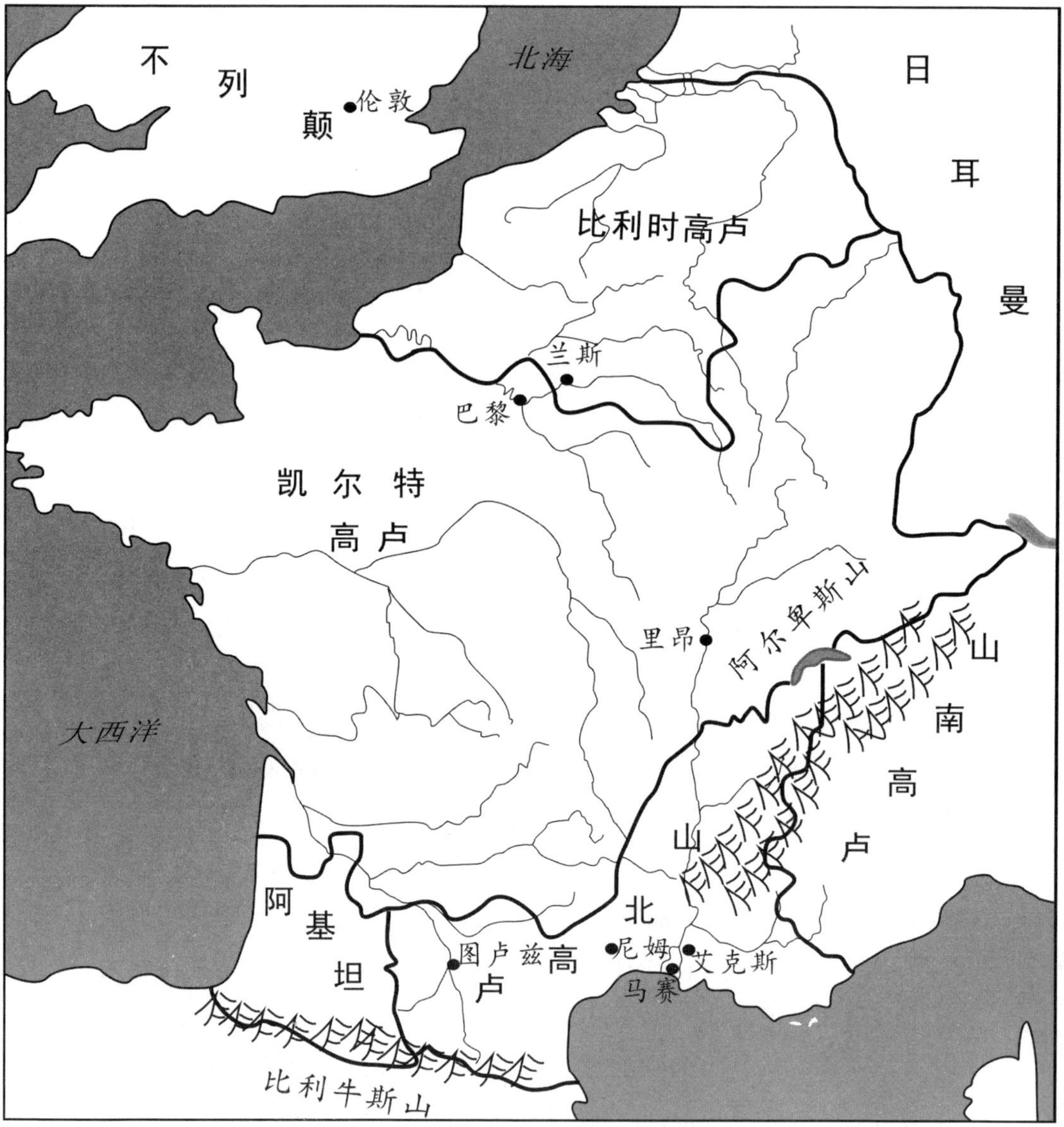

不列颠
伦敦
北海
日耳曼
比利时高卢
兰斯
巴黎
凯尔特高卢
大西洋
里昂
阿尔卑斯山
山南高卢
阿基坦
山北高卢
图卢兹
尼姆
艾克斯
马赛
比利牛斯山

图 1 高卢时代的法国

马人再次击溃高卢联军，并且将高卢人彻底赶出了意大利北部，把边界推到了阿尔卑斯山这个天然屏障。此后，原先由高卢人占据的阿尔卑斯山以南的地区成为罗马人的势力范围，罗马人在这里建立了一个行省，名为山南高卢(Gallia Cisalpina)，暗示着这里昔日与高卢人的联系。罗马人在这个新的行省建立了一批殖民城邦，如皮亚琴察、克雷莫纳、博洛尼亚、帕尔玛，这些今天属于意大利核心地区的城市在当时却是新开辟的殖民地，罗马人以此逐渐巩固了在这一地区的统治。此后，罗马人又将目光投向了阿尔卑斯山以北的地区。

公元前 154 年，罗马人以马赛求助为借口，在今法国南部的艾克斯建立了据点，紧接着就与控制这里的高卢人部落发生了冲突，引发了一系列战争。罗马人以优势的兵力、严格的纪律和有序的阵型，屡屡击败高卢人，最终获得了这块土地，又建立起了一个新行省——山北高卢(又称纳尔榜，Narbonensis)，并在这里新建了尼姆、图卢兹等殖民城邦。

至此，罗马人控制了阿尔卑斯山两侧的广阔区域，将高卢人排挤到了更靠北部的地区。但是罗马人的野心使其胃口更大，接下来策划的就是对高卢人其他地区的征服。

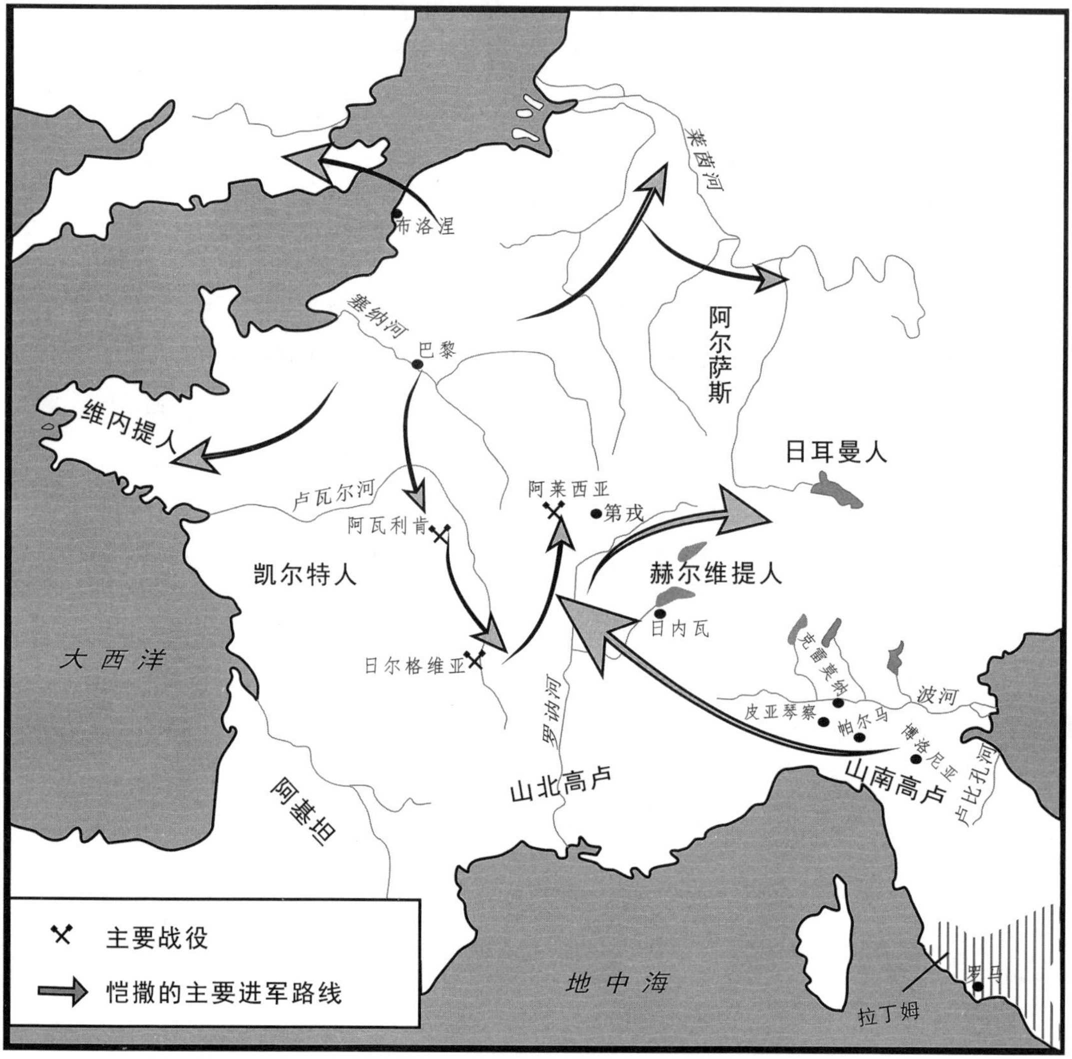
布洛涅
莱茵河
塞纳河
巴黎
阿尔萨斯
维内提人
日耳曼人
卢瓦尔河
阿莱西亚
第戎
阿瓦利肯
凯尔特人
赫尔维提人
日内瓦
克雷莫纳
日尔格维亚
大西洋
罗纳河
波河
皮亚琴察
帕尔马
博洛尼亚
卢比孔河
山南高卢
山北高卢
阿基坦
地中海
罗马
拉丁姆
主要战役
恺撒的主要进军路线

图 2　恺撒的高卢战争

2. 恺撒征服高卢

到公元前2世纪中叶，罗马人已经从过去被高卢人欺压凌辱的境况中挣脱出来，逐渐获得对高卢人越来越强的优势。在建立阿尔卑斯山南北两个新行省之后，就时刻准备着将触角伸向更北部的高卢人腹地。

罗马人首先采取的方式是合纵连横、各个击破，着意拉拢一些高卢人的部落，建立起亲罗马人的势力。公元前1世纪60年代，恺撒出任山南高卢总督，更是通过拉拢利诱的方式，开启了他征服高卢的序幕。在恺撒看来，高卢有三个部分：比利时高卢、里昂高卢和阿基坦高卢(参见图1)，但是在这三个部分内部，又可细分为众多的部落。因此，征服这些部落将是一条坎坷之路，但是对于富有雄心的政治家而言，涉入高卢事务将是增强自己在国内政治资本的捷径，因为罗马人对于向外扩张是期望已久了。

公元前58年，赫尔维提等高卢人部落从东向西迁徙，为罗马人的进攻提供了契机。对于罗马人来说，高卢人的迁徙可能会引发连锁反应，不仅会打破高卢的政治格局，而且会引发日耳曼人的趁机南下。于是恺撒率军对赫尔维提人及其盟友围追堵截，迫使他们回到原先在瑞士的居住地。接着，为了防止日耳曼人南下，恺撒沿着莱茵河北上，向高卢地区进发，通过包抄阻止了企图乘虚而入的日耳曼人。接下来，恺撒回过头开始在高卢境内展开纵横捭阖的军事行动，启动了征服高卢的历程。高卢三个部分中最难对付的是最北边的比利时高卢，这里与日耳曼人比邻，民风彪悍，极难驯服，他们也会与日耳曼人联手对付罗马。加上罗马人在这里的盟友雷米人受到其他部落攻击，提供了开启战端的良机，恺撒决定先拿这里开刀。征服比利时高卢的过程非常艰难，恺撒增加了驻扎这里的兵团，但是仍然时不时受到高卢人的侵袭，不过，经过苦战，他终于靠勇气和经验，以及罗马军队的顽强素质，彻底打垮了这里的高卢人，将大量战俘卖做奴隶，强化了罗马人在这个地区的统治。

接着，恺撒兵锋转向西部的大西洋沿岸，战胜这里擅长海战的维内提人。至于西南部的阿基坦地区，他派克拉苏进行了征服。此后，恺撒甚至渡海前往不列颠进行征服战争，成为首位踏上这片神秘土地进行征服的罗马人。虽然他对这里的征服没有超出沿海地区，但是仍在罗马国内引起了巨大的轰动，让恺撒获得了极高的荣誉。

到公元前54年，征服高卢最艰苦的时刻来临了。罗马人在高卢的横征暴敛引起了较多的反对，这年冬季也出现了歉收，高卢叛乱四起，恺撒好不容易才镇压下去。但是在第二年冬季，众多高卢部落更加联合起来，爆发了一次大规模的起义。这次起义的领袖是法国中部奥弗涅部落的领袖维辛格托列克斯（Vercingetorix）。此时罗马人在高卢仍然有着严重的补给问题，而维辛格托列克斯则决定拖垮罗马人。双方首先爆发了阿瓦利肯之战，恺撒率先对这个城市进行了围城战，并成功地攻城，屠杀了数万高卢人。第二战是在奥弗涅的日尔格维亚，但是这一战罗马人由于鲁莽行事而失利，伤亡惨重。

最后一场战役发生在阿莱西亚，这是一场具有决定性意义的围困战。公元前52年，罗马人决定以围困攻城，而维辛格托列克斯则企图利用该城吸引罗马人，然后从其他地方调兵，里应外合夹击罗马人。这场围城战是对双方耐心和兵力的最大考验，恺撒还是凭借老道的经验，击溃了高卢人的援军，然后拖垮了城里的守兵。维辛格托列克斯被俘，作为战利品被恺撒带回了罗马，后被处死。

阿莱西亚一役使高卢人元气大伤，恺撒则将此役视为其任期和征服高卢的巅峰期，而高卢从此以后再也不能集结起对抗罗马人的兵力。公元前27年，奥古斯都最终将高卢划为罗马的行省，高卢从此进入罗马化时期。

3. 高卢的罗马化

恺撒征服高卢之后，罗马人开始在这块新征服的土地上设立行省，这里从此成为罗马化的重要地区。

高卢地区南部的山北高卢并入罗马的时间最早，接受罗马化也更久，因此对于罗马人来说，这里已与罗马无异，算得上罗马帝国的腹地。而高卢地区最北部的比利时高卢，西南部的阿基坦高卢，以及中部的里昂高卢，这三个行省被恺撒新近征服，仍是尚未开化之地，是施行罗马化的重要对象。其中，里昂高卢行省的首都称作卢格杜努姆(即里昂的前身)，是北部高卢三省的中心。公元前 43 年，罗马将这里定为高卢地区的首府，高卢三省的代表每年会到这里开会，讨论高卢事务，参与罗马皇帝每年在此举行的宗教仪式。这里成为罗马与高卢地区的纽带，也是罗马控制和利用高卢人管理高卢的中心。不过，高卢的部落组织也并没有完全消失，各个部落配合罗马人的管理，得到罗马的承认，仍然是当地的贵族，而且也被罗马人吸收成为管理城市的法官，被授予罗马公民权，成为罗马在高卢推行罗马化的得力助手。

罗马在高卢新建了许多石头城市，通过这些城市对高卢进行整合和管理。许多罗马的老兵退役后移民到这些城市，而且这些城市也成为向高卢人展示罗马文明的窗口，以这种方式罗马人向高卢推广自己的城市文明。法国的许多城市都是这时期奠基的，如欧坦、兰斯等，巴黎(此时名为卢特希亚)也发展起来。这些城市模仿罗马的方式设立各级行政机构，还有广场、神庙、市政厅、法院、水渠等公共建筑，浴室、剧场等罗马人喜爱的娱乐中心也都建立起来。

此外，罗马还在高卢地区修路。如奥古斯都的好友阿格里帕在高卢进行平乱战争时，就修建了罗马道路，以加强高卢与罗马的联系。在图

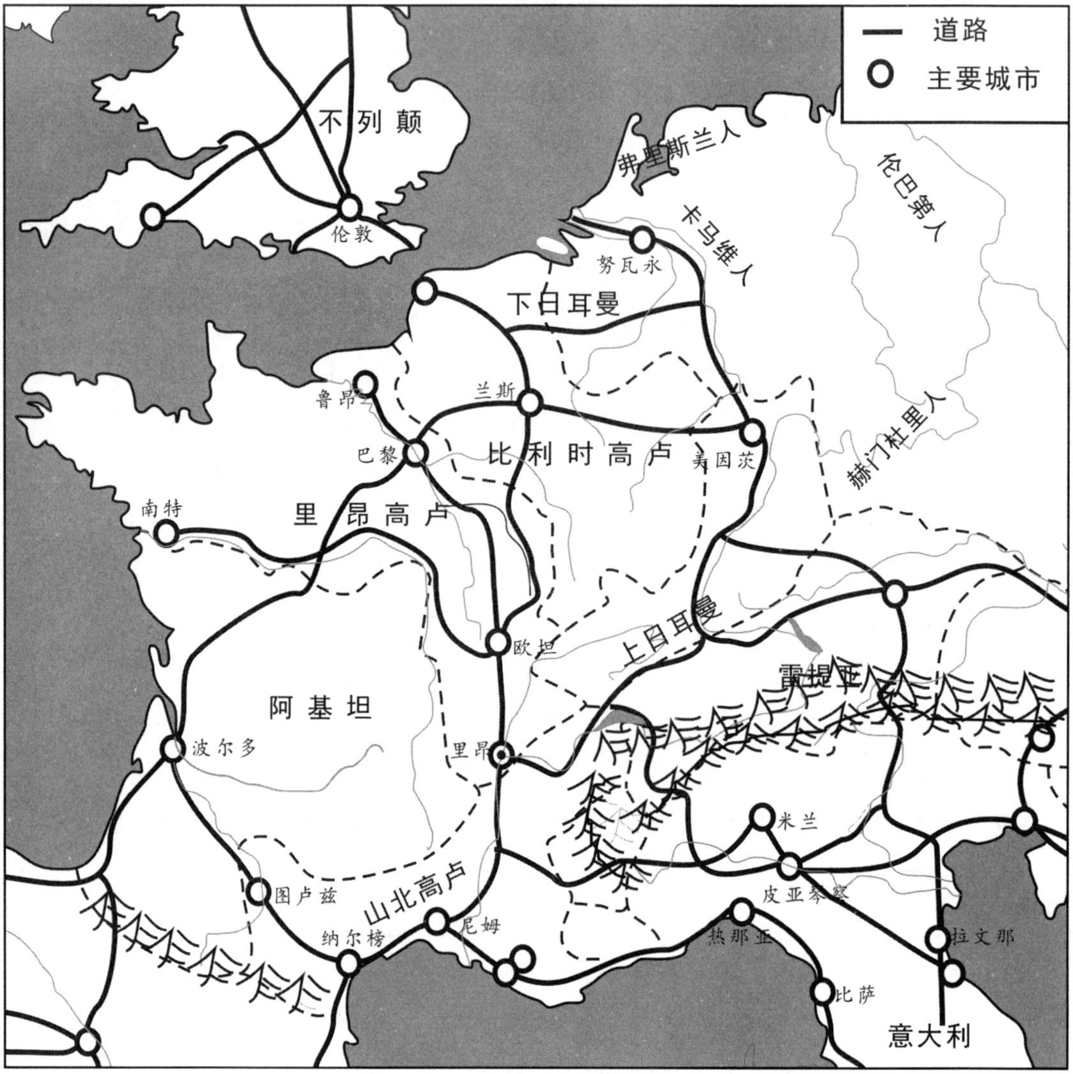

道路
主要城市
不列颠
伦敦
弗里斯兰人
卡马维人
伦巴第人
努瓦永
下日耳曼
鲁昂
兰斯
比利时高卢
美因茨
赫门杜里人
巴黎
南特
里昂高卢
欧坦
上日耳曼
雷提亚
阿基坦
波尔多
里昂
米兰
皮亚琴察
图卢兹
山北高卢
纳尔榜
尼姆
热那亚
拉文那
比萨
意大利

图3　罗马化时代的高卢

上我们可以看到,在罗马化时期,罗马道路的网络逐渐铺展到了高卢的大部分地区,一方面作为军事用途,罗马士兵可以很快被运到发生叛乱的地方,另一方面也便利了高卢地区的商业运输和经济发展,高卢商人和罗马商人都会频繁使用到这些四通八达的道路。

拉丁语这时也进入高卢。此前高卢人主要使用口头语言,很少使用书面语言,而此后拉丁语则成为高卢人主要的文字和语言。在很多城市都有罗马人开设的教授拉丁语的学校,高卢贵族通过学习拉丁语来抬高自己的身份和地位,拉丁语逐渐成为高卢地区上流社会的交流语言。当然,高卢本地的凯尔特语还有一些残留,保存在下层社会,尤其是与农业等相关的领域。拉丁语和凯尔特语不断交融渗透,形成了两种因素并存的通俗拉丁语,在长达 5 个世纪的罗马化进程中成为高卢人的主要语言,后来的法语正是在此基础上发展起来的。

而渐渐地,在莱茵河右岸的日耳曼人看来,他们的高卢人邻居俨然已是罗马人。

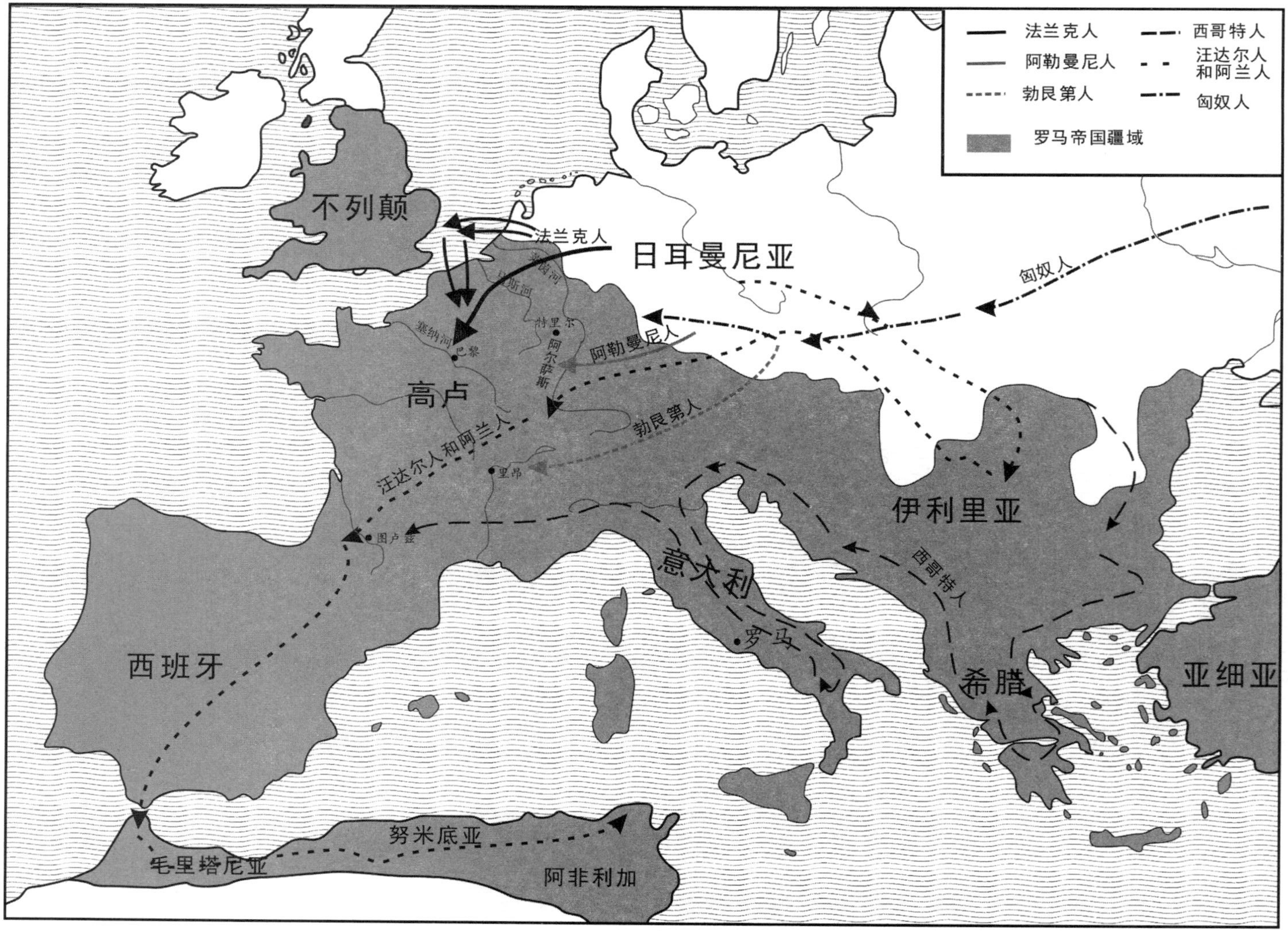
法兰克人
阿勒曼尼人
勃艮第人
西哥特人
汪达尔人和阿兰人
匈奴人
罗马帝国疆域
不列颠
日耳曼尼亚
法兰克人
匈奴人
塞纳河
巴黎
特里尔
阿尔萨斯
阿勒曼尼人
高卢
勃艮第人
汪达尔人和阿兰人
里昂
图卢兹
伊利里亚
西哥特人
意大利
罗马
希腊
亚细亚
西班牙
努米底亚
毛里塔尼亚
阿非利加

图4　日耳曼人的入侵

4. 日耳曼人入侵高卢

公元前1世纪中叶，恺撒在征服高卢的战争中，曾经同莱茵河右岸的日耳曼人打过交道，但是罗马人始终没能征服日耳曼人，而是以莱茵河为界，达到了一种暂时的平衡。

罗马人将莱茵河边界以东的日耳曼人视为蛮族，日耳曼人则羡慕高卢地区的文明和开化，他们从2世纪开始就零星地移民到高卢地区，如涓涓细流，逐渐在这里聚集。2世纪末出现的大饥荒，更加推动了日耳曼人的移民规模，隔莱茵河与日耳曼地区相望的阿尔萨斯地区成为日耳曼人进入高卢的突破口。

3世纪中叶，驻守莱茵河的罗马军团被抽调回国，莱茵河防线空虚，莱茵河下游的法兰克人和中游的阿勒曼尼人趁机而入。其中法兰克人甚至一直打到巴黎，使当地驻军不得不退守西岱岛①。高卢北部沿海地区也受到法兰克人和其他日耳曼人的海上袭击。此后半个世纪，高卢北部的战争和动乱一直持续不断，法兰克人和阿勒曼尼人经常攻打和洗劫高卢城市，对这里造成了很大的破坏。

戴克里先担任罗马皇帝时(284—305)，曾经对积弊甚多的体制进行过改革，将帝国分成东西两个部分，采取四帝共治制，并且在莱茵河上的特里尔建立了帝国西半部的次级统治中心，以期解决莱茵河地区的矛盾。同时进行的还有边境的军事改革，以及税收、财政等一系列配套的改革。这些努力一定程度上遏制了日耳曼人的侵袭，使罗马帝国在高卢的统治和防御得以维持。

但从4世纪末开始，迫于东方匈奴人的迁移压力，大规模的日耳曼

---

① 巴黎市中心塞纳河中的两座岛屿之一，是巴黎城区的发源地，巴黎圣母院即在此岛上。

民族迁徙终于开启了。高卢东北部的边境问题越来越严重,不同的部落都争先恐后越过莱茵河,涌向高卢的各个地区。西哥特人率先从意大利穿过高卢南部,到图卢兹建立了国家,并且在 419 年迫使罗马帝国予以承认,成为高卢境内建立的第一个日耳曼人王国;汪达尔人和阿兰人则穿过高卢,径直奔向西班牙,最后定居到北非地区;勃艮第人到达高卢东部,457 年在卢格杜努姆(里昂)建立了勃艮第王国;阿勒曼尼人在东北部的阿尔萨斯地区定居下来;法兰克人离开日耳曼人腹地的时间稍晚,他们占领了莱茵河下游和马斯河流域,并以罗马同盟者的身份蚕食高卢北部广大地区,与罗马将领埃吉迪乌斯所建的苏瓦松王国①(参见图 5-1)毗邻而居。在 5 世纪末克洛维担任法兰克人首领时,他们将建立法兰克王国,并且成为高卢的最后征服者。

虽然西罗马帝国在 476 年才灭亡,但是高卢地区被日耳曼人侵袭的程度已经很深了,罗马的和平早已失去,许多城市都受到了极大的冲击,城市中的建筑也都已经破败不堪,许多高卢贵族都放弃了城市而进入到乡村的庄园。高卢地区的复苏和振兴还要等到法兰克人的时代。

---

① (约 457—486),注意,与第 7 节中法兰克人的苏瓦松王国不是同一个。

5. 克洛维与法兰克王国的崛起

最终征服高卢的法兰克王国，与后来作为民族国家的法国不能画等号，但可被视作其前身，法兰西民族的光荣时代大致可追溯至此。法兰克王国是由日耳曼人的一支法兰克人所创建的，从公元5至9世纪持续了三百多年，前后分为墨洛温王朝和加洛林王朝。在罗马帝国崩溃以后，法兰克王国逐渐发展成为西欧和中欧最重要的国家。

前面已经提到，法兰克人在4世纪时成为罗马帝国的军事同盟，因而被允许定居在高卢东北部莱茵河下游一带，活动于今法国与比利时交界之处。作为交换，他们成为帝国边境的戍卫者。当罗马帝国江河日下自顾不暇之时，法兰克人伺机不断扩张地盘。尤其是在西罗马帝国灭亡十年后的486年，当时的法兰克人军事首领克洛维（466—511年在位）带领族人举起反叛大旗，将目标对准了地处其南的苏瓦松王国，这里的统治者——埃吉迪乌斯之子西格利乌斯仍效忠于罗马帝国。在这场苏瓦松战役中，法兰克人大胜，吞并了苏瓦松王国，地盘大大向南扩张，首次占有了巴黎，据守卢瓦尔河以北地区。

克洛维决定趁此良机称王建国。他继承依然在运行的罗马帝国的政府机构，建立起法兰克人的统一国家，定都巴黎，称克洛维一世，并以其祖父之名将朝代命名为墨洛温王朝。

在此后二十年中，克洛维一世东西挥戈。他向东在今属德国西南部的地区大举征服，战胜了阿勒曼尼人；向南则跨过卢瓦尔河，在东南方夺得第戎，与已皈依基督教的高卢人所建勃艮第王国的公主克洛蒂尔德结婚；在西南方将盘踞在图卢兹的西哥特人赶往西班牙，占领阿基坦大部分地区。克洛维的征服也是有一定限度的，并未超出今天法国的界限，对阿勒曼尼人和勃艮第人也没有做到彻底的征服，但他的赫赫武功却为

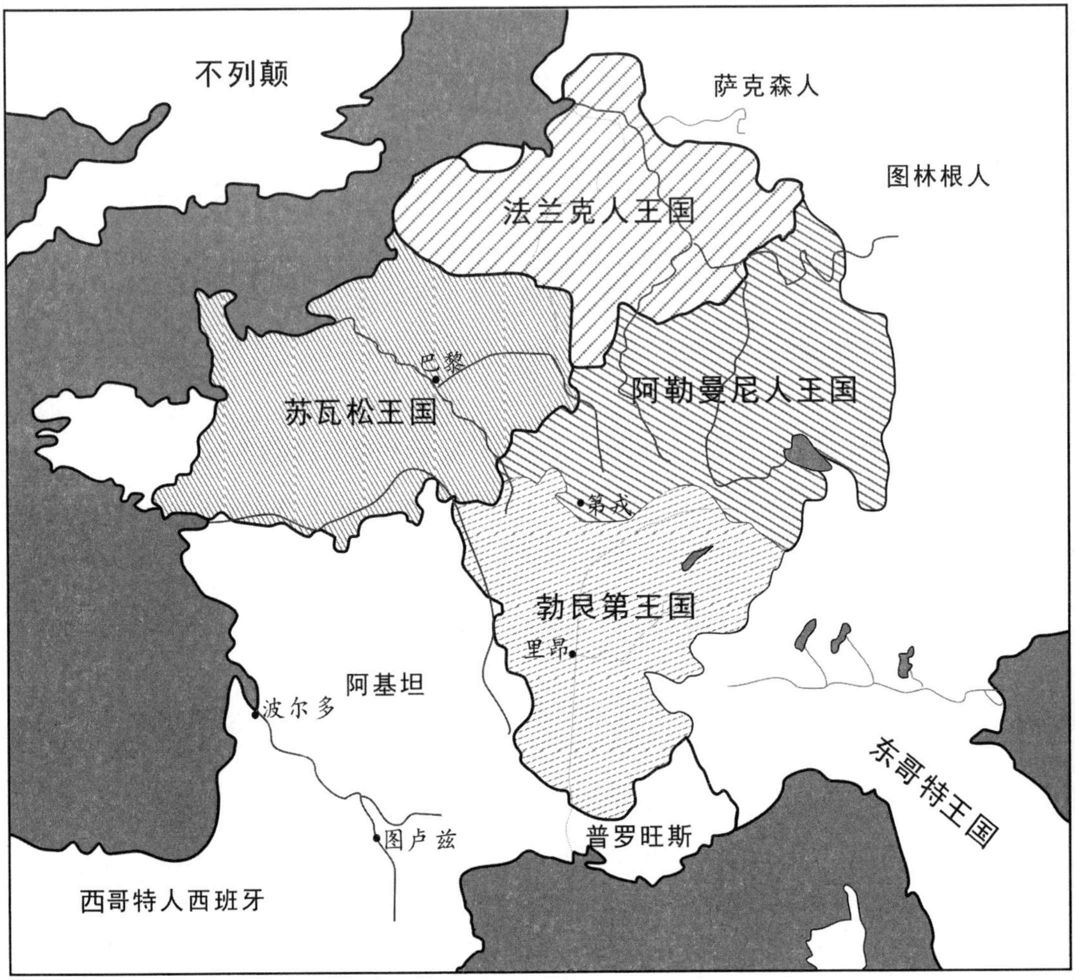

图 5-1　公元 481 年的高卢

他赢得了拥护和爱戴。从此以后，法兰克王国不仅统一了过去分散的法兰克人各部落，使整个王国都处在国王的统治之下，而且还往新兼并的地区派遣伯爵和主教，让他们秉承国王的意图进行管理。而法兰克王国的中心则设在巴黎，这是巴黎在历史上首次成为首都。

克洛维还进一步将他所取得的统一成果以法律形式固定下来，在6世纪初由《萨利克法典》所保存下来。这部法典用拉丁文撰写，将过去流行于法兰克人各部落中的各种习惯法汇总而成，是第一部成文的法兰克法典，对于规范王国的各项法律制度具有重要作用。除了强调各种刑罚外，这部法典首次作了王位传男不传女的规定，此后产生了极大的历史影响。

为维持在罗马帝国旧土上的统治，克洛维在妻子的劝说下放弃了原先信仰的阿里乌斯派，改信天主教。这一做法使他获得基督教会和罗马贵族的支持，克洛维还拥有了任命主教的特权，但改宗也破坏了克洛维与其他法兰克贵族的关系，削弱了他的地位。从长远看来，皈依基督教是法兰克人最终称霸的重要一步，奠定了法兰克人与罗马教皇的结盟，正是教皇的支持，才使法兰克王国能够稳定地进行统治达数百年之久，而克洛维也作为基督教会的保护者，大大促进了欧洲的基督教化。

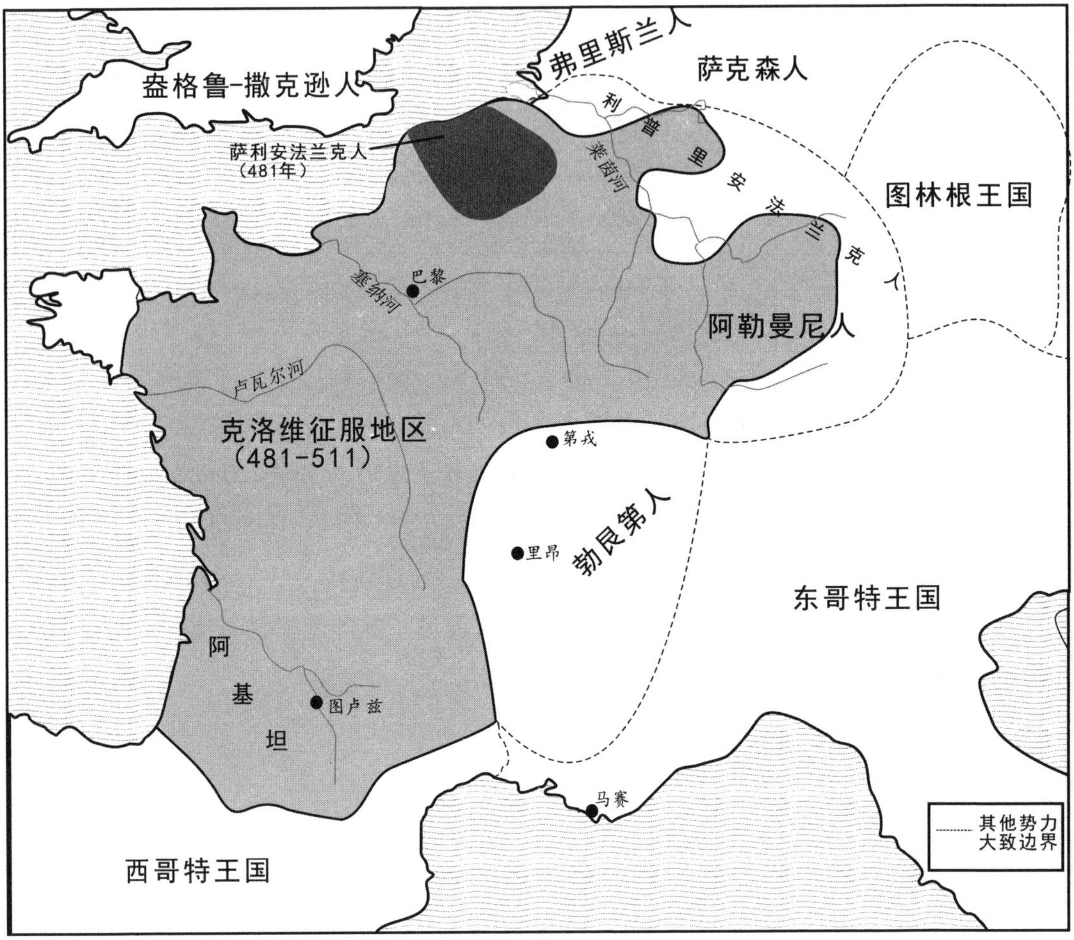
盎格鲁-撒克逊人
弗里斯兰人
萨克森人
萨利安法兰克人
（481年）
利普里安法兰克人
莱茵河
图林根王国
巴黎
塞纳河
阿勒曼尼人
卢瓦尔河
克洛维征服地区
（481-511）
第戎
勃艮第人
里昂
东哥特王国
阿基坦
图卢兹
马赛
其他势力
大致边界
西哥特王国

图5-2　克洛维的征服

6. 托尔比亚克之战

克洛维生命中最重要的一次战役是托尔比亚克之战。

当他建立起了法兰克王国之后，必不可免的就是要以扩张战争来证明自己统治的合法性。位于王国东面的阿勒曼尼人王国成为首当其冲的目标。之所以选取这里作为进攻目标，有两点原因。其一，法兰克人有两个分支，一支是萨利安法兰克，首领为克洛维，以巴黎北部为活动中心，另一支叫作利普里安法兰克，大本营位于莱茵河中部的科隆，首领为西吉贝尔特。两支法兰克人结为同盟。利普里安法兰克人的南边与阿勒曼尼人为邻，经常有边界纠纷和冲突，496 年阿勒曼尼人大举进攻利普里安人，西吉贝尔特向克洛维求援，于是克洛维带兵前去解围。其二，阿勒曼尼人不断向莱茵河以西扩张也早已引起克洛维的警惕，正想利用这次机会一劳永逸地打击对手，而阿勒曼尼王国所在的今阿尔萨斯、巴登-符腾堡南部和瑞士一带是非常富庶的地方，如获得这块宝地对于初兴的法兰克王国将不啻坐拥一座粮仓。

于是 496 年(也有一说是在 506 年)，在莱茵河中部的托尔比亚克(今德国北莱茵-威斯特法伦州东部的曲尔皮希，距离科隆不远)，双方发生了激战。关于这场战争，图尔的主教格里高利在其《法兰克人史》中有着详细的记载。克洛维的军队在人数上明显少于阿勒曼尼人，虽然法兰克人向来以勇猛著称，但阿勒曼尼人也毫不示弱，与法兰克人短兵相接，尤其以其力量上的优势逐渐使法兰克人处于下风。克洛维亲眼看到自己的士兵们被敌人残酷屠杀，血腥的程度使他心中极为不安，认为自己将要输掉这场战争。就在队伍节节后退、即将全军覆没之时，克洛维不禁想起妻子克洛蒂尔德信仰的神灵来，克洛蒂尔德信奉天主教，并在结婚之后反复劝说信奉阿里乌斯派的丈夫改宗天主教。克洛维一直没有

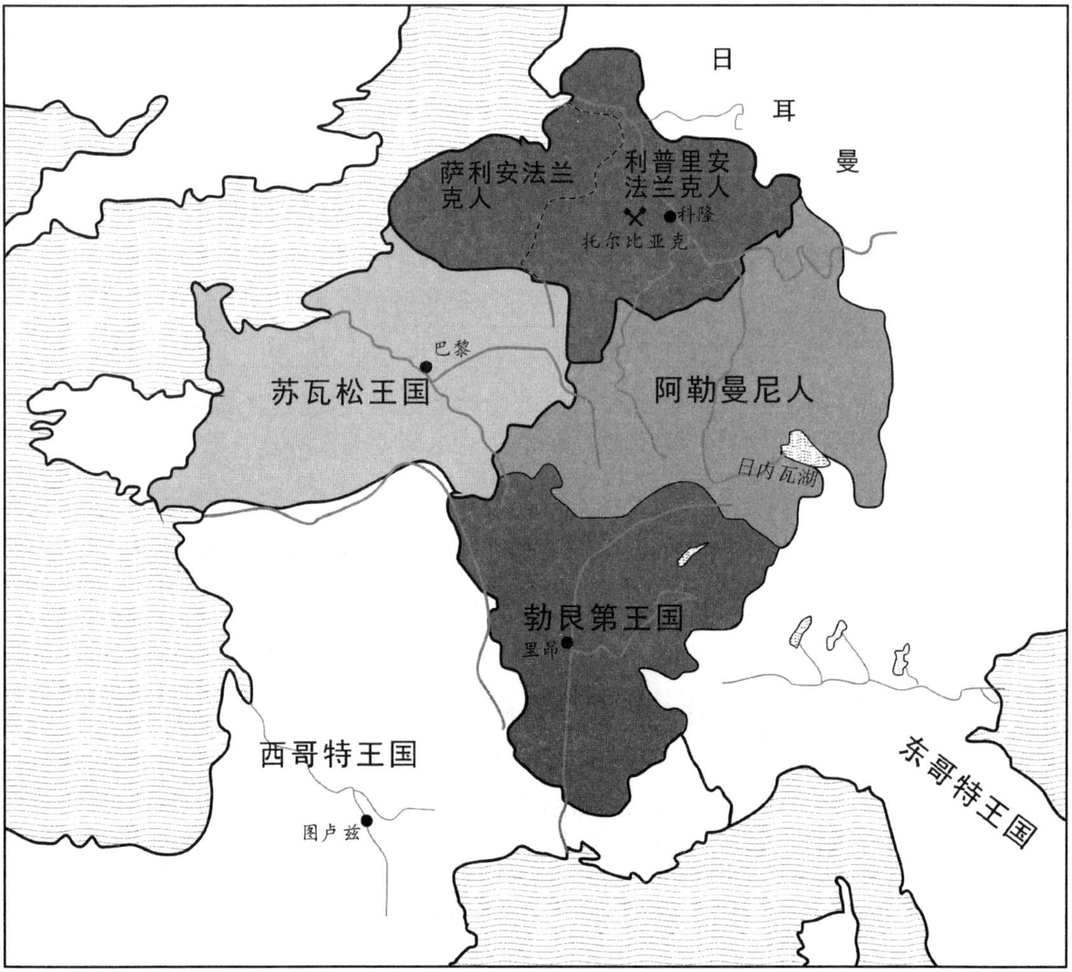
日
耳
曼
萨利安法兰
克人
利普里安
法兰克人
科隆
托尔比亚克
巴黎
苏瓦松王国
阿勒曼尼人
日内瓦湖
勃艮第王国
里昂
西哥特王国
图卢兹
东哥特王国

图6　克洛维时代

同意，但这时兵临绝境的他决定尝试一下。

他向天高声祈祷："耶稣基督！克洛蒂尔德称您是永生的上帝之子，您总是能给困境中人以帮助，并能赐予胜利。我诚挚地向您祈求，助我战胜敌人！如果您的力量被证实的话，我会信奉您，并以您之名去受洗。我所信奉的神已经抛弃了我，我真心祈求您的力量！"就在这时，奇迹出现了。阿勒曼尼人开始向后撤退，逃跑，并向法兰克人投降称臣。为此，克洛维在战争结束后皈依了天主教，由兰斯主教为他施行洗礼，随同受洗的还有军中的三千多人。法兰克人就这样成为日耳曼人当中最先改信天主教的一支。

托尔比亚克战役之后，法兰克人战胜了阿勒曼尼人，改阿勒曼尼人王国为公国，确立了对阿勒曼尼人的统治。虽然此后阿勒曼尼人仍叛服无常，但这场战役对于法国人而言是异常的光荣，以至于直到今天，巴黎的一条道路和一处地铁站都以托尔比亚克命名。

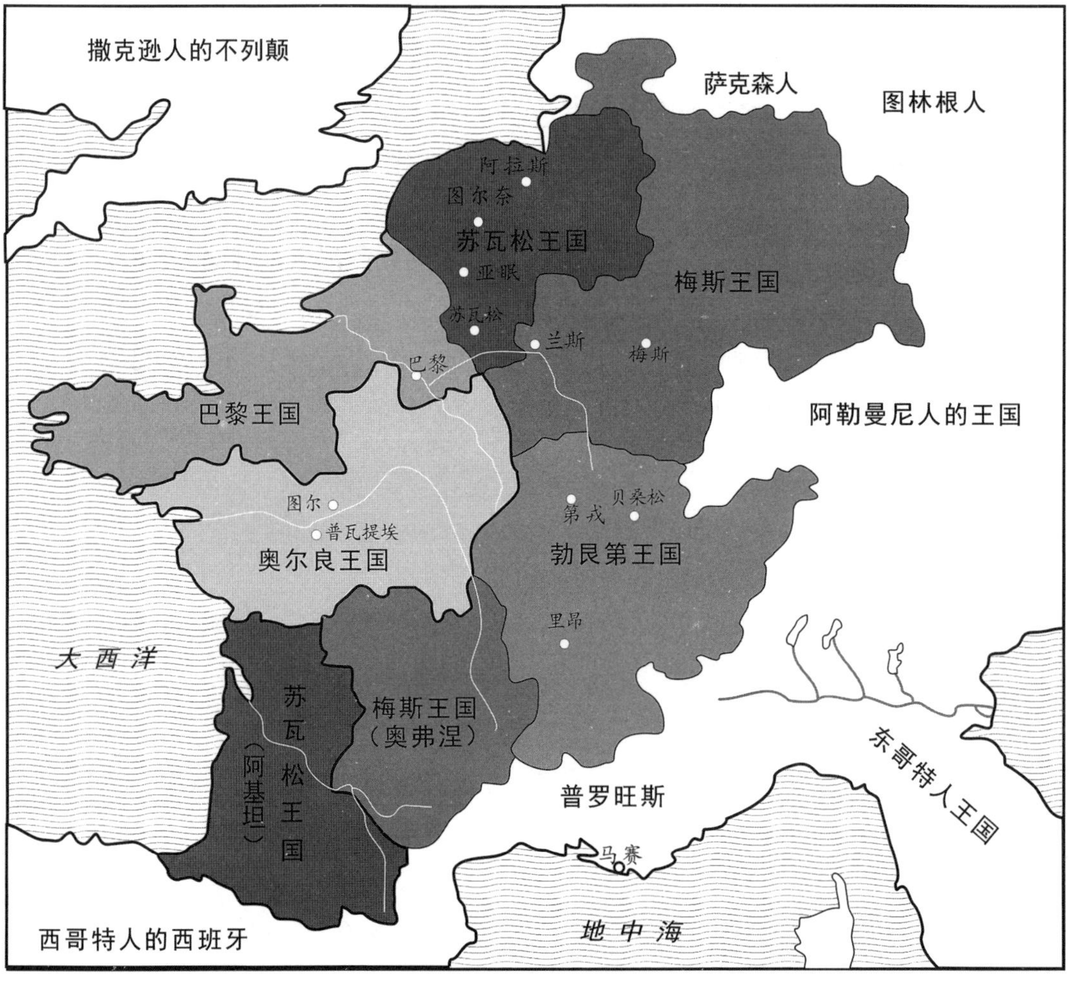

图7　克洛维去世时的法兰克王国

7. 克洛塔尔的短暂统一

墨洛温王朝是法兰克王国的第一个王朝，从5至8世纪享国祚将近三百年。墨洛温王朝的一个显著特点就是家族内讧多、易分裂，因此在这一时期形成了多元的权力结构，以及法国最初的地理和政治形态。

话说克洛维一世建立法兰克王国，并在不断的扩张战争中兼并了大量土地，之后，他利用土地分封以笼络大小贵族，形成封建采邑制。沿用此法，克洛维还将国土当成家庭私产分成几份，分别赐给几个儿子。

511年，克洛维一世去世，法兰克王国的领土被四个儿子分割，分为梅斯王国、巴黎王国、奥尔良王国和苏瓦松王国。梅斯王国由长子提奥多里克继承，又称作奥斯特拉西亚王国，初定都兰斯，后向东转移到梅斯。次子希尔德贝尔特获得巴黎王国。另一个儿子克洛多梅尔获得奥尔良王国。获取苏瓦松王位的是幼子克洛塔尔(497—561)，他的主要领地在法国最北端，这里是法兰克人最初崛起之地(参见图5-1、图5-2和图6)，包括亚眠、阿拉斯、图尔奈等城镇，还有一块领地在西南部的阿基坦地区。

作为几个兄弟当中最有野心也最为阴险的一个，克洛塔尔一直觊觎其他兄弟的领地。524年，当三哥奥尔良国王战死勃艮第战场后，他趁火打劫霸占作为奥尔良王后的嫂子，并残忍地杀害了侄子，伙同其他兄弟瓜分了奥尔良王国，获得图尔、普瓦提埃等重要地区。

555年，其长兄提奥多里克的孙子狄奥多巴尔德早逝，无子嗣，留下了空位的梅斯王国。这里是法兰克王国向东扩张的桥头堡，领土辽阔，具有重要的军事地位。克洛塔尔闻讯立即赶到梅斯，娶侄孙狄奥多巴尔德的遗孀，将这个庞大的王国据为己有，并且继承了梅斯王国在南部的领地奥弗涅。3年后，统治巴黎王国的兄长希尔德贝尔特去世，克洛塔尔又急忙兼并了巴黎王国，从而继父亲克洛维一世之后再度统一了整个法兰克王国，将分散的国土整合起来，成为唯一的国王。

在对外方面，克洛塔尔仍然沿袭其父的政策，不断征服。经过艰苦卓绝的数次征战，克洛塔尔一世最终在534年与其他兄弟联手灭亡了勃艮第王国，实现了父亲的夙愿。位于法国东南部罗讷河谷的这一大片土地首次被并入法兰克王国，包括里昂、第戎、贝桑松等重要城市，成为法国的重要组成部分。至此，古代高卢的地域全部被法兰克人征服。

但克洛塔尔并没有满足，他对南边的东哥特人、西哥特人也是屡屡征伐，537年，他利用拜占庭帝国与东哥特王国的矛盾而从后者手中获得了普罗旺斯地区（参见图8），拥有了地中海的出海口。在东方，与相邻的图林根人、萨克森人不断交兵，通过和战交替的手腕降服这些桀骜不驯的部落，强迫他们进贡。但对于屡屡造反的阿勒曼尼人，却没有取得更多的实质性进展。

终其一生，克洛塔尔都在不断努力统一法兰克王国，并不断扩张法兰克领土。但当其去世后，辛苦经营的国土却再次陷入分裂。反而是他开创的同根相煎的残忍手段，却不断影响着子孙后代。

8. 墨洛温王朝的分合与衰落

561年,统一了整个法兰克王国的克洛塔尔一世撒手西去,王国再度分裂。根据传统,国土在四个儿子之间分割,依然是苏瓦松王国、梅斯王国、巴黎王国和奥尔良王国。

曾经在墨洛温宫廷屡屡上演的骨肉残杀、兄弟相阋的闹剧再次发生,这几乎成为这个家族的遗传基因,在每一代统治者身上都会体现出来对权力的渴望,以及为达到权力之巅而不惜使用任何惨绝人寰的手段。而在这场斗争中,又加入了有野心的王后,以妒忌和残忍为王室之争推波助澜。尤其是苏瓦松国王希尔佩里克一世(561—584年在位)的情人弗莱德贡德(545—597),用计先后残杀多位王室成员,包括梅斯国王西格贝特一世(561—575年在位)夫妇及其子希尔佩里克一世(575—595年在位)夫妇。

第二轮竞争最终仍由苏瓦松国王获胜,经过50多年的争斗,弗莱德贡德的儿子克洛塔尔二世(613—629年在位)成为赢家,再度统一了法兰克王国。他进而做出了一项改革,重新整合划分了国土,将王国一分为三:奥斯特拉西亚、纽斯特利亚和勃艮第。从此,四国之争变成了三国对立。这一决定对法国后来的地理和政治走向也产生了很大的影响。

奥斯特拉西亚位于法国东北部,主要在马斯河和摩塞尔河流域,东至莱茵河中下游区域,首府先是兰斯,后改为梅斯,奥斯特拉西亚的称呼早在克洛维死后就已出现,它的前身为梅斯王国;纽斯特利亚这个名称出现较晚,包括法国中部卢瓦尔河和今比利时之间的区域,西至布列塔尼和大西洋,东至香槟地区,首府为苏瓦松,另外也包含阿基坦地区。勃艮第原先是高卢王国的中心区域,也是最后被并入法兰克王国的,由于其漫长的历史渊源而依然自成一体。

墨洛温诸王国
进贡地区
英格兰
北海
莱茵河
萨克森人
马斯河
杜埃
科隆
布列塔尼
纽斯特利亚
苏瓦松
兰斯
香槟
梅斯
摩塞尔河
特里尔
美因茨
巴黎
奥斯特拉西亚
南特
图尔
卢瓦尔河
第戎
勃艮第
巴伐利亚
阿勒曼尼人王国
萨尔茨堡
利摩日
阿基坦
波尔多
里昂
巴斯克人
伦巴第人王国
普罗旺斯
马赛
亚得里亚海
西哥特人王国
地中海

图8　墨洛温诸王国

克洛塔尔二世的儿子达戈贝尔一世(约 623—639 年在位)从父王手中接过权杖,于 629 年成为法兰克国王。但他也是最后一个有能力实现大一统的国王,在他之后墨洛温王朝就一蹶不振,走上了永远的衰落之路。

随后的一百多年里,法兰克三国分立的局面几成定型,相互独立。而在每个王国内部,国王也大都不问政事,任由"宫相"掌握大权,因此也被称作是"懒王时期"。"宫相"相当于宰相,原为王室财务总管,在国王不断衰落的情况下不断扩张权力,获得军政大权,成为真正的统治者,而王室则一再变得孱弱,国王逐渐成为宫相手中的傀儡。

墨洛温王朝的最后一代国王是希尔德里克三世(743—751 年在位),在他继位之前的七年里,由于宫相擅权,竟没有立一个国王。直到 743 年,才由宫相丕平立希尔德里克为王,但这位国王也并没有实权。丕平家族称王的野心日益上升,最终在丕平三世时将希尔德里克赶下王位,在教皇的支持下将其送至修道院隐居,从而名正言顺地为墨洛温王朝近三百年的历史画上了句号。

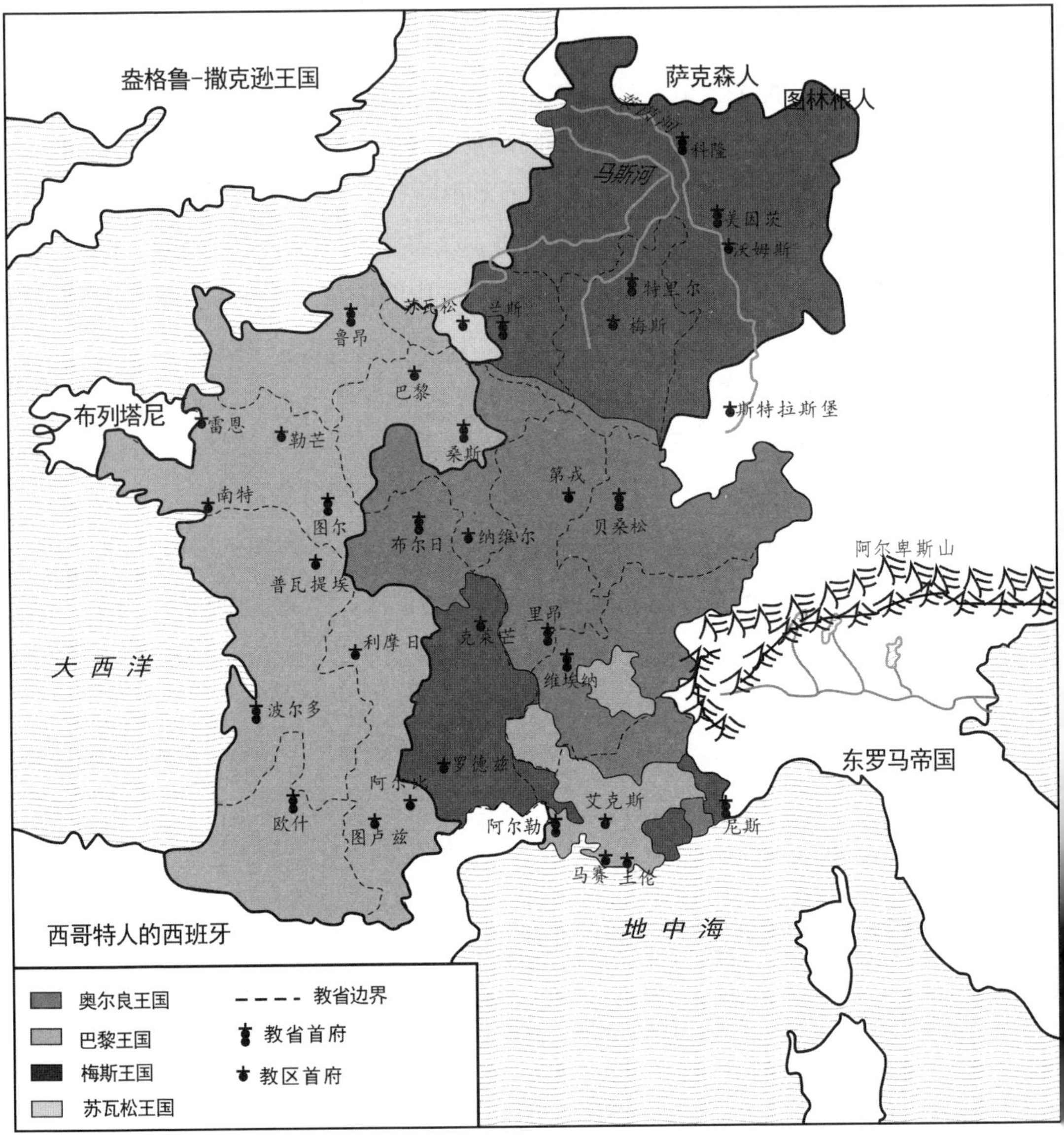

图 9　公元 561 年的法兰克王国

9. 法国的基督教化

法国与罗马教会的关系源远流长，被称作“教会的长女”。因此，基督教在法国的传播，广度和深度上都首屈一指，这对它的历史影响深远，值得好好做一番梳理。

基督教的传播最初主要是在意大利本土，在阿尔卑斯山以北的传播较为滞后，欧洲北部的日耳曼人最初信仰的是多神教和被定为基督教异端的阿里乌斯派。基督教在法国的传播是一个漫长的过程，4 世纪开始，传播福音的教士历尽千辛万苦逐渐在法国各个地区建立起教区。

在这批传播福音的教士当中，很多成为圣人。其中图尔的圣马丁(316—397)就是一个主要人物。他出自罗马帝国东部潘诺尼亚行省的军事贵族家庭，自幼皈依基督教，长大后迫于父命进入军队，戍守高卢。马丁同情心极强，据传在亚眠时他遇到衣衫褴褛的乞丐就将自己的战袍割下相赠。由于厌恶战争，马丁离开军队，356 年到达普瓦提埃，在此地区积极传教，后来成为图尔的主教。马丁对法国的基督教化影响很大，他创建了法国最早的一批修道院，从 5 世纪开始，图尔也因其而成为高卢最早的朝圣之地，克洛维选他作为墨洛温王朝的保护神，他与此后的加洛林王朝和卡佩王朝也都有渊源相系。

正是这样一批前仆后继的传教者，促进了法国的基督教化。随着最初的一批传教者建立起教区，法国教会也逐渐完善起来，它们仿效罗马帝国的行政模式而发展起教会的等级阶梯来，以各个城市为中心建立起教区(diocese)，由主教进行管理。主教往往由罗马或当地贵族担任，他们文化程度较高，且在当地人脉很广，有利于教会活动的展开。

最初，在一个城市教区中有一座教堂，由主教居住并进行对信徒的洗礼、婚礼和葬礼和弥撒等宗教活动，这种教堂又称作主教座堂。后来随着教区的扩大，城市里逐渐增建起若干教堂，以每个教堂为中心又可分为若干个堂区，由主教任命的神父负责，在乡村里也设有堂区神父，他们为信徒提供祷告和告解等服务，并都听命于主教。

为便于教廷的管理，几个教区合在一起形成教省，其中会以一个地位重要的教区作为总教区，它所在的城市作为整个教省的首府，在总教区中设有一个都主教，负责总管各个教区。

如此划分，也是受到了罗马帝国行省制度的影响，都主教及教省首府所在地往往是帝国行省的首府，也是该地区的中心。如图 9 所示，到公元 6 世纪时，法国以各个城市为中心的教区都已纷纷建立起来，其中又将一些特别重要的城市升格为教省首府，如兰斯、鲁昂、桑斯、布尔日、图尔、贝桑松、里昂、维埃纳、波尔多、欧什、阿尔勒，等等。这些教区不断向周围地区辐射，形成紧密的网状系统，这种遍地开花的局面说明，基督教会在法国的发展已经达到非常成熟的程度，它也将成为教皇和教廷的重要同盟，而主教在王国内部也将起到越来越重要的作用。

10. 加洛林王朝的兴起

墨洛温王朝终结后，法兰克王国迎来了新的时代，这就是由丕平家族开创的加洛林王朝。

加洛林王朝先祖最初是墨洛温朝廷的宫相，可上溯至丕平一世(580—640)，他出生于今比利时中部的兰登，是达戈贝尔一世统治时期奥斯特拉西亚的宫相。丕平将女儿嫁与梅斯主教阿努尔夫的儿子，得以跻身当地贵族家族，并通过与纽斯特利亚国王的联盟，获得新任奥斯特拉西亚国王的恩宠，于623年成为宫相。在整个政治生涯中，丕平极为成功，为其家族后世的成功奠定了深厚的基础。有意思的是，加洛林王朝竟是丕平的外孙一系，但他们都将丕平视作先祖，称其为老丕平，追封为丕平一世。

丕平一世的外孙丕平二世(635—714)亦为宫相，权力日益增大。他的私生子查理(676—741年，717—741年在位)继任宫相，以赫赫战功为其家族的连续统治注入了合法性。当时正值阿拉伯倭马亚王朝大征服的时代，穆斯林大军从阿拉伯半岛横扫北非，穿过整个西班牙并越过比利牛斯山进入法国境内，直捣巴黎，正在这千钧一发之际，查理于732年在卢瓦尔河附近的图尔对穆斯林军队进行堵截战，他率领法兰克军队突袭穆斯林，经过几天浴血奋战，创造了步兵战胜骑兵的神话。这一役，阻止了穆斯林的北征，在整个西欧都树立起了法兰克王国的赫赫威名，而查理也由此获得"马特"(意为铁锤)的称号。查理·马特在任期间，还不断向东用兵，战胜萨克森人、阿勒曼尼人、巴伐利亚人诸部落，力量日益壮大。

查理·马特逐渐成为王国的最高主宰者，统治日益稳固，而孱弱的国王却一代不如一代。但是查理·马特仍然克己地担任宫相，并未易代

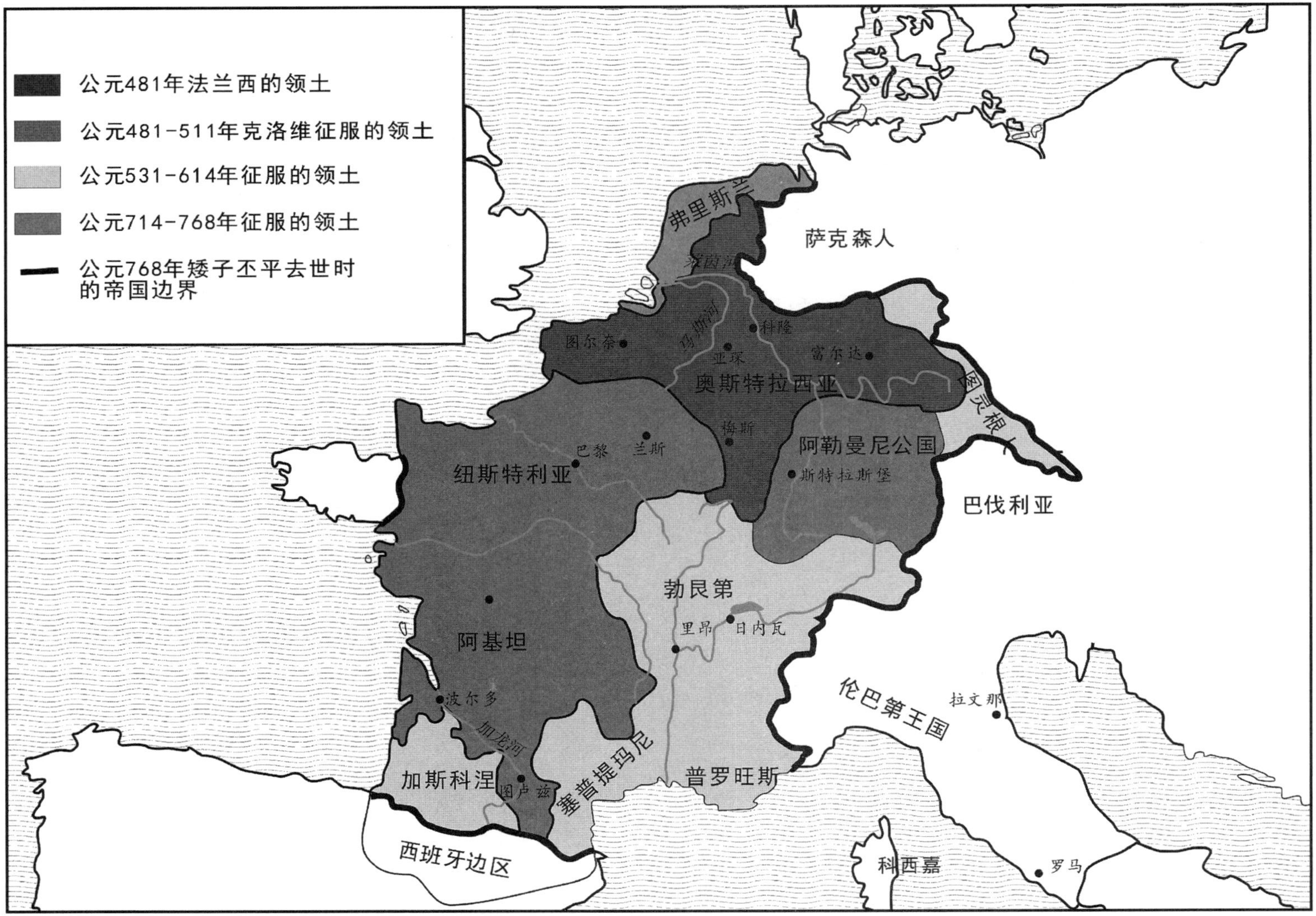

图10 法兰克王国的扩张

称王，改朝换代的任务还要由他的儿子丕平三世（751—768 年在位）去完成。

丕平三世被称作“矮子”丕平，在父亲去世后，他遵父命与兄弟卡洛曼共同分享权力，到 747 年由于卡洛曼退隐修道院而成为唯一的统治者。这时，丕平已经坐到一人之下、万人之上的位子上了，但他仍然不满足，那个坐在国王位子上的墨洛温朝国王他怎么都看不顺眼。于是当时机来临时，丕平询问教皇，如果国王不理朝政，宫相该如何办？此时的教皇需要一个强大王权的支持，虽然墨洛温王朝属于正统，但对教会却着实没有益处，于是他表示，谁为法兰克夙兴夜寐，谁就有资格做它的主人。一拍即合，丕平当下便把末代国王希尔德里克三世送进了修道院，终结了墨洛温王朝，在苏瓦松召开会议，宣布开创加洛林王朝，完成了老丕平以来数代人筚路蓝缕辛苦经营的事业。

丕平三世与教皇还进一步结成联盟。751 年，教皇派大主教到巴黎为丕平加冕，准许他成为新一代王朝的国王。作为回报，丕平为教皇解决燃眉之急。这时意大利北部的伦巴第王国正在扩张，不断侵扰教皇国，教皇亲自向丕平求救，于是在 754 年和 756 年丕平两度率大军进入意大利，强迫伦巴第国王将占领的拉文那以及周围的大片领土交还给罗马教皇，由此形成了教皇国的雏形，这一事件也被称作“丕平献土”，通过这一教俗互惠的举动，法兰克王国与教皇之间缔结了源远流长的同盟关系。

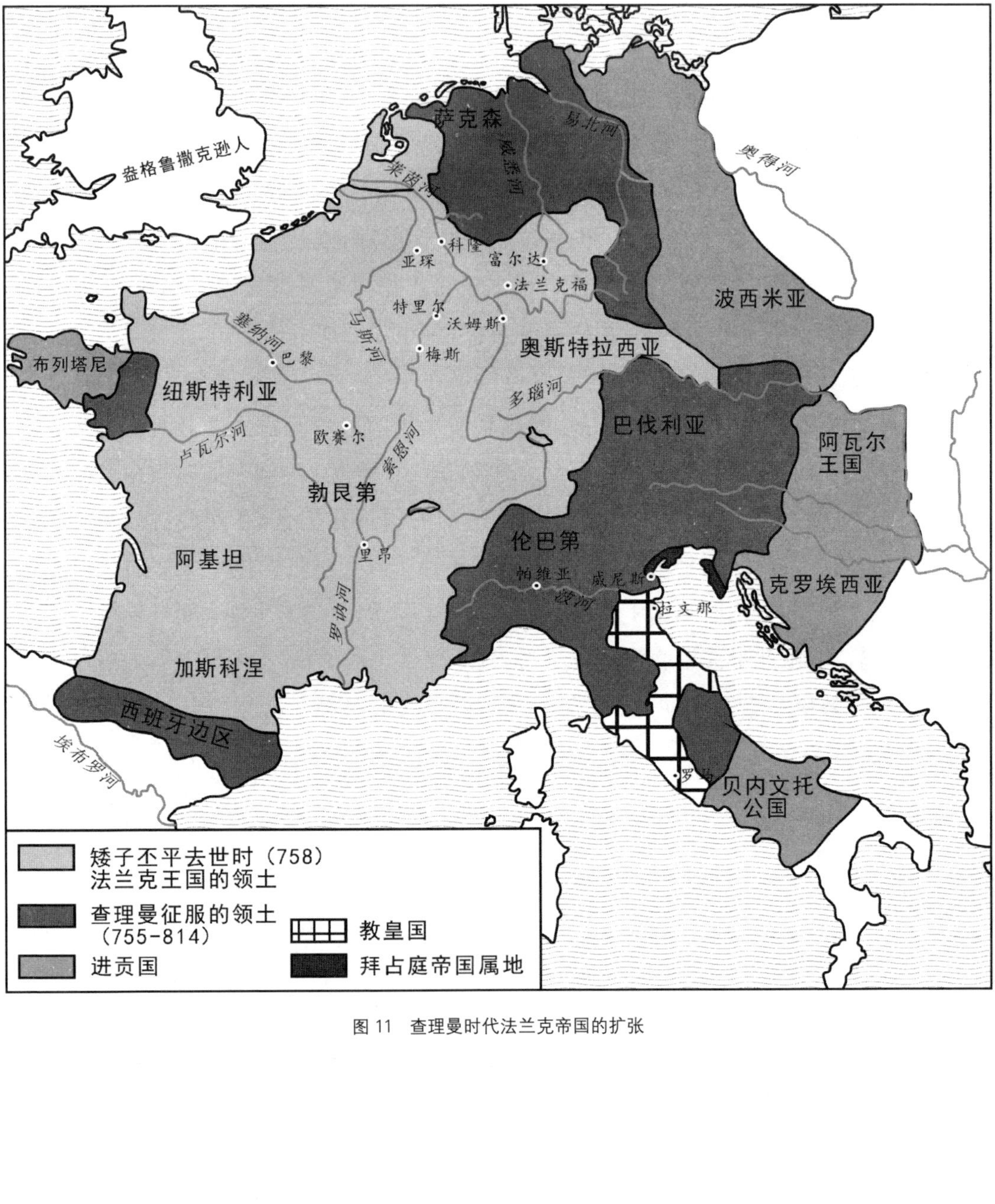

图 11　查理曼时代法兰克帝国的扩张

11. 查理曼与帝国的峥嵘岁月

“矮子”丕平虽然驼背短小，却有一个高大伟岸的儿子——查理曼(768—814 年在位)。

“矮子”丕平在 768 年去世。两个儿子平分遗产，查理和弟弟卡洛曼分别在努瓦永和苏瓦松登基为王。三年后卡洛曼去世，查理兼并了他的领土，成为唯一的国王。查理统治时期是加洛林王朝的鼎盛时期，他在位 46 年，大小 50 余战，国土面积比以前增加了一倍，成就了一个庞大的帝国，他本人也被尊称为查理大帝，即查理曼。

769 年查理曼即位伊始，便继续进行其父发动的阿基坦战争，打压这里的反叛势力，将阿基坦和加斯科涅重新夺回，并让自己的儿子“虔诚者”路易成为阿基坦的国王。接着，查理曼在法兰克的领土以外四面出击，南征北战，开始了其戎马倥偬的一生。

矛头首先指向意大利。773—774 年查理曼应教皇之请，出兵讨伐伦巴第人，这次不再像过去丕平三世那样仅仅接受伦巴第王国的投降，而是要彻底地改造这个王国，他攻陷首都帕维亚，永远结束了伦巴第人对意大利的统治，并请教皇立次子丕平为意大利国王。查理曼并不满足于对意大利北部的占领，十年之后，他在 787 年率大军深入到亚平宁半岛中南部的卡普阿，征服了这里的贝内文托公国。

对于西班牙这块沃土，如同历代法兰克国王一样，查理曼也有着迫不及待想要征服的野心。从 778 至 801 年，查理曼两次出兵西班牙，企图征服这里的摩尔人，但都出师不利，在回师途中还遭到比利牛斯山一带山民巴斯克人的伏击，其侄罗兰被害，法国的经典传奇故事《罗兰之歌》即源于此。但不管怎样，查理曼还是在西班牙取得了一定成果，占领了巴塞罗那和埃布罗河以北地区，并在此建立了西班牙马克(边区)。

在东部，查理曼继承法兰克王国历来的传统，不断东扩。在9世纪最后30年里，他对东北部的萨克森人进行了旷日持久的战争，最终降服萨克森公爵。在东南方向，他于787年直逼巴伐利亚，废黜这里叛变的公爵，改由忠于自己的伯爵进行统治，将这里改造成为帝国的又一个边区。接着，查理曼继续向东扩张，夺得今奥地利南部，并对多瑙河中下游的阿瓦尔人和斯拉夫人进行战争，势力达到巴尔干半岛西北部。

在法兰克的最西部，查理曼征服了这里的布列塔尼人，使其成为自己的附庸。对于不列颠和北欧，查理曼没有将它们作为目标，但查理曼的威名已经响彻欧洲。公元800年的圣诞节，罗马教皇在圣彼得大教堂为查理曼戴上了皇冠，称其为“罗马人的皇帝”，从此，法兰克王国继承了罗马帝国的事业，成为罗马帝国之后的又一个大帝国。

查理曼之前，法兰克王国的统治范围只限于原来高卢的领土，但经过查理曼一生的征战，法兰克的领土增加了一倍，它的疆域的分合对后世产生了很大的影响，其缔造者查理曼则成为欧洲共同的祖先。

12. 凡尔登条约和帝国三分

查理曼统治了将近50年，在814年终于结束了统治，撒手西去。

对于在他身后如何处置帝国的遗产，查理曼已有打算。他并未摆脱强大的传统束缚，因此很早就遵照当时通行的析产继承制立下遗嘱，决定将帝国分割给三个儿子。但由于其中两个儿子在他之前去世，因此最终帝国被完整地传给了“虔诚者”路易（即路易一世，814—840年在位）。

“虔诚者”路易从781年查理大帝平定阿基坦后就担任阿基坦国王，从未想到会成为皇帝，两个哥哥的不幸早逝却为他提供了契机，查理大帝于813年在亚琛为其加冕即皇帝位。

路易即位后，并没有查理曼那样的威望和实力去管理一个庞大的帝国，于是一方面出于让儿子们协助他进行统治的考虑，另一方面也遵照法兰克的传统，他很快就决定将帝国分给几个儿子。817年，国土被一分为三，长子洛塔尔得到意大利并且作为皇帝的继承人，次子丕平得到阿基坦，幼子“德意志人”路易分得巴伐利亚。

虽然分封了土地，但路易仍想要保存帝国的统一，于是他为了防止帝国分裂，改行长子继承制，指定长子洛塔尔为其继承者。这项决定也获得了教会的支持。教会希望有一个强大的帝国作为靠山。但路易的儿子们却不同意，他们在各自的领地里变得日益独立，并且与父亲发生冲突，甚至在830年一度发动宫廷政变将他扣押。

这种情况因家庭成员的增加而变得更加复杂。分得国土的三个儿子都是“虔诚者”路易的第一任妻子所生，但第一任妻子不幸病逝后，路易的续弦朱迪丝又为他生了一个儿子——“秃头”查理。朱迪丝是个有心计的女人，她费尽心思要为自己的儿子争得一块领地和遗产，于是缠着“虔诚者”路易要他重分国土。

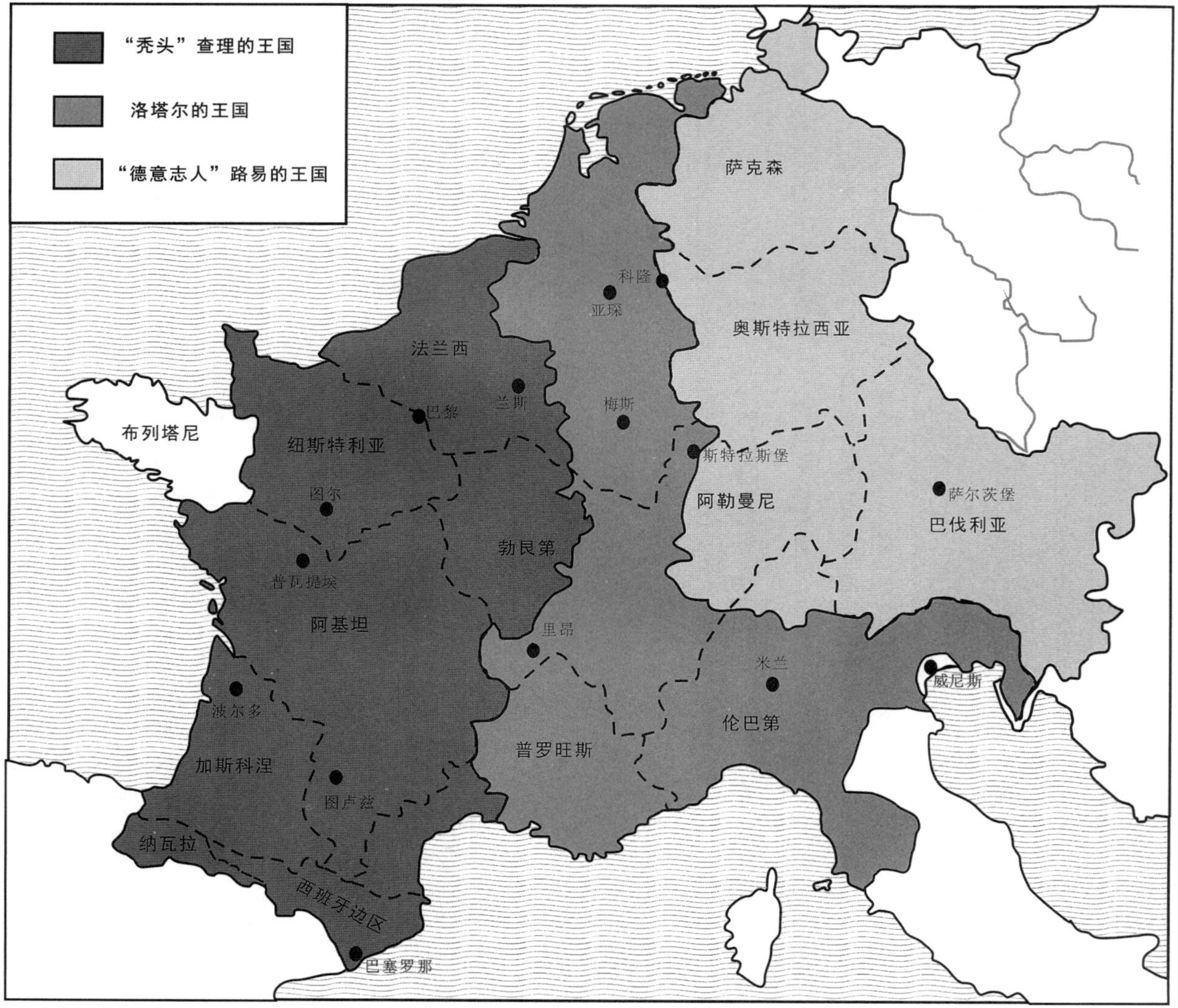

图 12　凡尔登条约(公元 843 年)

这在皇族内部引起了轩然大波，前几个儿子都不愿意将已经得到的土地交出。“虔诚者”路易不管封给“秃头”查理哪里的土地，都会引起其他儿子的不满，触动他们的既得利益。直到838年次子丕平去世，才使情况有所缓和，但几个儿子之间的矛盾仍然很尖锐，相互征伐不断。

“虔诚者”路易死于840年，长子洛泰尔成为合法的继位者，但其他几个儿子还是不服，其中“秃头”查理和“德意志人”路易就结成联盟，反对长兄洛塔尔，内战开始。洛塔尔战败，843年，三人在法国东北部的凡尔登签订了《凡尔登条约》，三分法兰克帝国的领土。根据条约，洛塔尔仍继承皇帝称号，得到从意大利北部到莱茵河中下游一线的帝国中部领土，称作中法兰克王国，包括原伦巴第王国、勃艮第王国和奥斯特拉西亚王国的一部分——洛林；“秃头”查理分得帝国的西部，称作西法兰克王国，主要是原先的纽斯特利亚和阿基坦，这个王国成为现代法国的前身；“德意志人”路易则分得帝国的东部领土，称作东法兰克王国，除了奥斯特拉西亚，这块地方大都是新征服得到的原日耳曼人地区，包括萨克森、阿勒曼尼亚和巴伐利亚等公国，成为现代德国的前身。

在这次分割之后，还有一系列条约，使帝国不断被析分，变得更加零碎，从此便再也没有被统一过。而分割出的帝国各个部分，又形成不同的国家，因不同的语言、风俗和传统和而相互独立，这些独立王国成为后来各个民族国家之始。

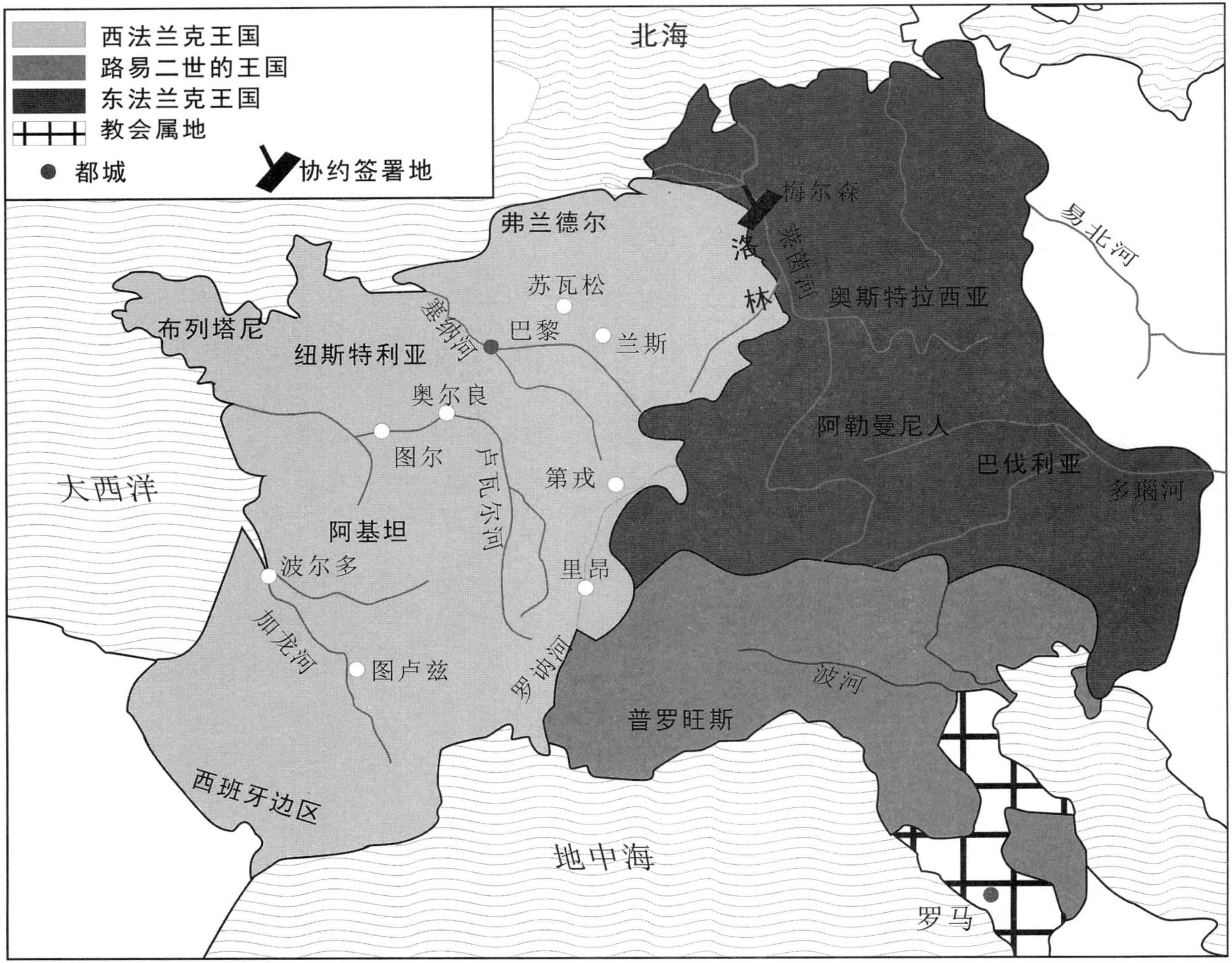

图 13 梅尔森条约(公元 870 年)

13. 西法兰克王国的开端

经过《凡尔登条约》的初步分割，又历经几次进一步的分割，帝国的分裂状态被条约确定下来。“秃头”查理（823—877）获得帝国的西部，纽斯特利亚故地和阿基坦王国，成为西法兰克王国（843—987）的第一任国王。这个王国逐渐与帝国其他部分分道扬镳，走上了不同的道路。

“秃头”查理在位时期所做的一个重大事件就是签署了《梅尔森条约》。虽然对外无能，但查理却相当擅长家族内争。他早就对自己领土东边的中法兰克王国虎视眈眈，但一直没有成功下手，直到一个机会出现。早在855年，中法兰克国王洛塔尔一世去世后领土三分，分别是意大利北部、普罗旺斯（包括下勃艮第）和洛林（包括上勃艮第），由三个儿子掌管（大致范围参见图12）。他们内部其后又进行了分割调整，但却基本与“秃头”查理无涉。然而，当掌管洛林（洛塔尔二世，869年卒）和普罗旺斯（普罗旺斯的查理，863年卒）的两个侄子先后去世以后，“秃头”查理再也按捺不住了，他与有同样野心的东法兰克国王“德意志人”路易一道，将两个侄子的土地瓜分了。870年，两人在今荷兰的梅尔森签署了条约，将这一次领土瓜分确定下来，是为《梅尔森条约》。

这一次扩张后，西法兰克王国的领土大为增加，逐渐具有后来法国领土的雏形。如图中所示，从北到南，西法兰克王国包括弗兰德尔地区、从苏瓦松到巴黎再到图尔的纽斯特利亚故地，沿海的布列塔尼、阿基坦和西班牙边区，东边则到达勃艮第的西部。当然，西法兰克国王的领土贪欲还没有终结，在此后还将继续围绕着中法兰克王国的遗产进行拉锯战。

875年，中法兰克国王洛塔尔一世最后一个仍在世的儿子，也就是“秃头”查理的侄子路易去世，查理接过了皇帝的称号，成为加洛林帝国的继承者，并得到教皇的加冕。但查理在877年去世后，皇帝的宝座便无人再继承，空位数年。

虽然“秃头”查理战胜了兄长们，成为偌大的西法兰克王国的国王，并享有皇帝称号，而且领土也日益扩大，但他的政治和军事实力并不强。在西法兰克王国内部，许多大的封建领主并不听命于他，查理必须想尽办法与大领主们周旋，而授予土地则是最为常用的笼络手段，如普罗旺斯等地就被封给了领主，但也导致越来越多的领地增加，羽翼日丰的领主们逐渐尾大不掉。“秃头”查理的长子路易二世(846—879)于877年继任国王，但没有继承皇帝之位。可见此时帝国的分裂已日益严重，皇帝的虚位已经不能再引人垂涎了，路易二世想要集中精力经营自己的西法兰克王国。但路易二世的统治却极为平庸，而且继续受制于大领主，只能通过大量赐封土地以消除矛盾，如将西班牙边区伯国让与出去。

而且，这时期北欧维京海盗对法兰克沿岸领地的漫长侵略也开始了，面对这些海盗的威胁，秃头查理无法与其对抗，只好选择息事宁人，以金钱行贿维京人。但这并不能填饱海盗们的贪欲，他的儿子也想与维京海盗决一雌雄，但开战之后不久就病倒辞世了。维京人的入侵成为此后一百多年法国人的噩梦。

14. 维京人的时代——西法兰克王国的内外交困

西法兰克王国独立以后，走的路并不顺利。一方面，维京人入侵让国王们疲于奔命，另一方面，诸侯独立，烽烟四起，又让国王们应接不暇。

9世纪上半叶，从“秃头”查理时代开始，维京海盗铺天盖地地从各条海岸涌上西法兰克王国的土地。由于维京海盗的入侵日甚一日，尤其是在北海沿岸的西法兰克领土上逐渐形成了殖民地，越来越多的维京人涌向这里定居，并以此为根据地不断侵扰内陆地区。这股力量不可小觑，为了安抚他们，查理三世(898—929年在位)于911年授予了维京人首领罗洛公爵称号，允许他们建立诺曼底公国，这样查理三世就将死敌巧妙转化成了附庸，为己所用。

但为了进一步同维京人作战，西法兰克国王不得不先稳固国内。查理三世时，东南部的普罗旺斯也逐渐独立。普罗旺斯是原先勃艮第王国的南部故土。西法兰克与东法兰克的萨克森国王“德意志人”路易谈判，希望他在这场国王与附庸的斗争中保持中立。为获得萨克森王国的支持，他们决定将《梅尔森条约》中获得的洛林割让给东法兰克，为此，880年双方签订了《里贝蒙条约》，将十年前西法兰克夺得的洛林归于东法兰克，与此前就已为东法兰克所得的阿尔萨斯一道成立了洛林王国。这一遗产成为日后法德争夺的主要焦点，两国为了争夺洛林引发了无数场厮杀。当然这是后话了，在880年时，保证了邻国的中立以后，当年夏，西法兰克国王出兵征讨普罗旺斯，攻克普罗旺斯北部的马孔，短暂收复普罗旺斯。

但最终普罗旺斯还是不可避免地独立了。博索(Boso)家族的路易(880—928)成为普罗旺斯国王，范围仅限于维耶纳周边地区，但得到了

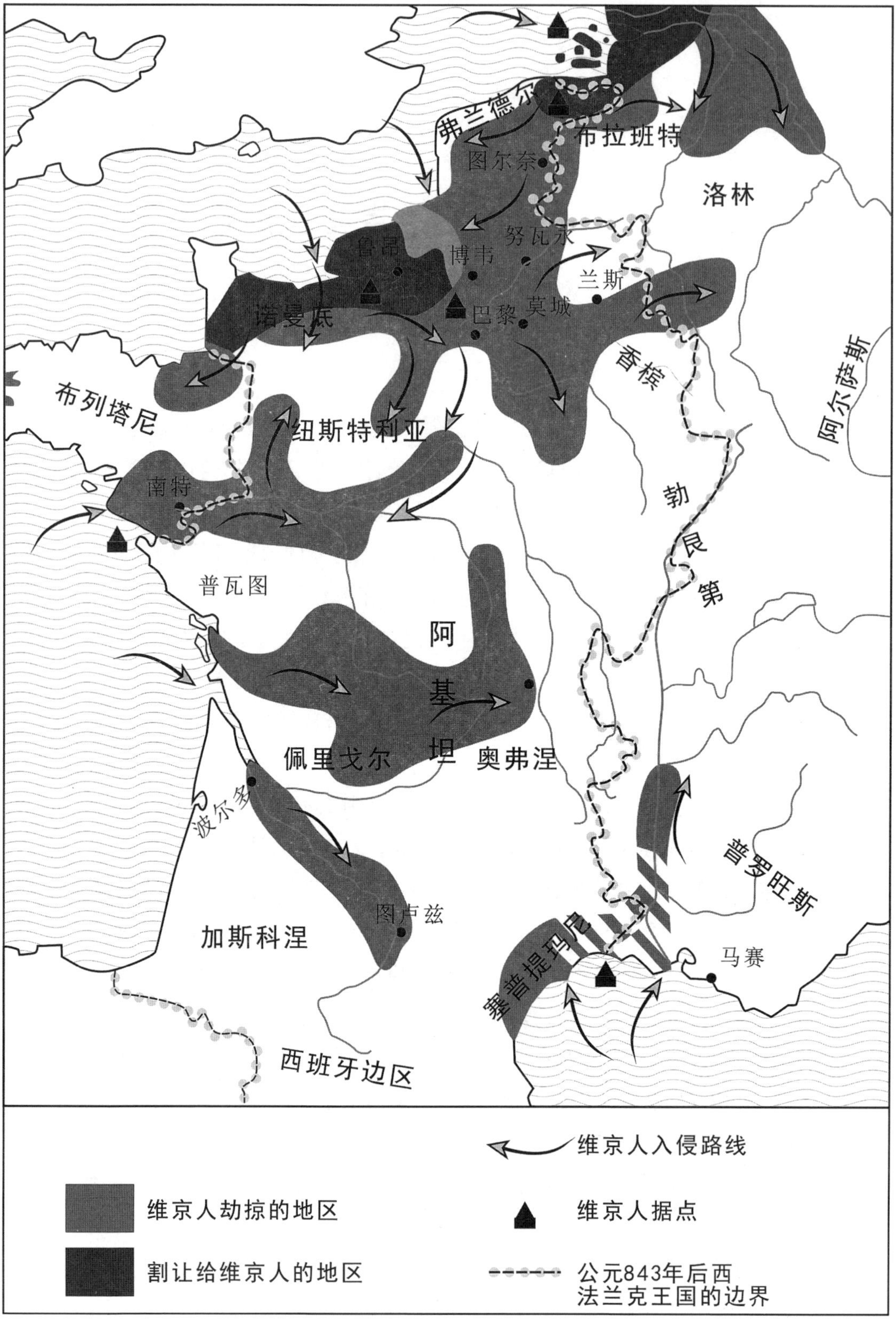
弗兰德尔
布拉班特
图尔奈
洛林
鲁昂
博韦
努瓦永
兰斯
诺曼底
巴黎
莫城
香槟
布列塔尼
纽斯特利亚
阿尔萨斯
南特
勃艮第
普瓦图
阿基坦
佩里戈尔
奥弗涅
波尔多
普罗旺斯
图卢兹
加斯科涅
塞普提玛尼
马赛
西班牙边区
维京人入侵路线
维京人劫掠的地区
维京人据点
割让给维京人的地区
公元843年后西法兰克王国的边界

图 14　维京人的入侵

普罗旺斯各地领主的支持，并且有其叔父勃艮第公爵辅佐。后西法兰克王国加洛林主支绝嗣，东法兰克的“胖子”查理应西法兰克众诸侯之邀，代任西法兰克王国国王，在此期间，普罗旺斯的独立得到了他的认可，路易甚至还得到了东法兰克国王的认可，由此其独立地位逐渐稳固，甚至被选为上下勃艮第的共同国王。由于处于西法兰克南端，并与意大利北部接壤，路易三世的野心就是超越普罗旺斯成为意大利的国王，同时由于一些意大利贵族的请求，他两度携其军队翻越阿尔卑斯山攻入意大利，但终究没有取得成功。在路易统治晚期，普罗旺斯的阿尔勒伯爵权力日增，路易于911年不得不将权力转交给了阿尔勒伯爵，使其成为普罗旺斯新的统治者，并将首府迁到阿尔勒。但作为一个独立的普罗旺斯王国，它与西法兰克王国的关系仍是若即若离的。

维京海盗的不断入侵，以及各地领主的频繁反叛时时刻刻困扰着西法兰克国王。从加洛林帝国分离独立出来之后，西法兰克王国就每况愈下，面对内外交困而无能为力。它无法有效整合加洛林帝国留下来的遗产，在勃艮第故土作为普罗旺斯王国独立以后，它下面要面临的就是一个新王朝的崛起。

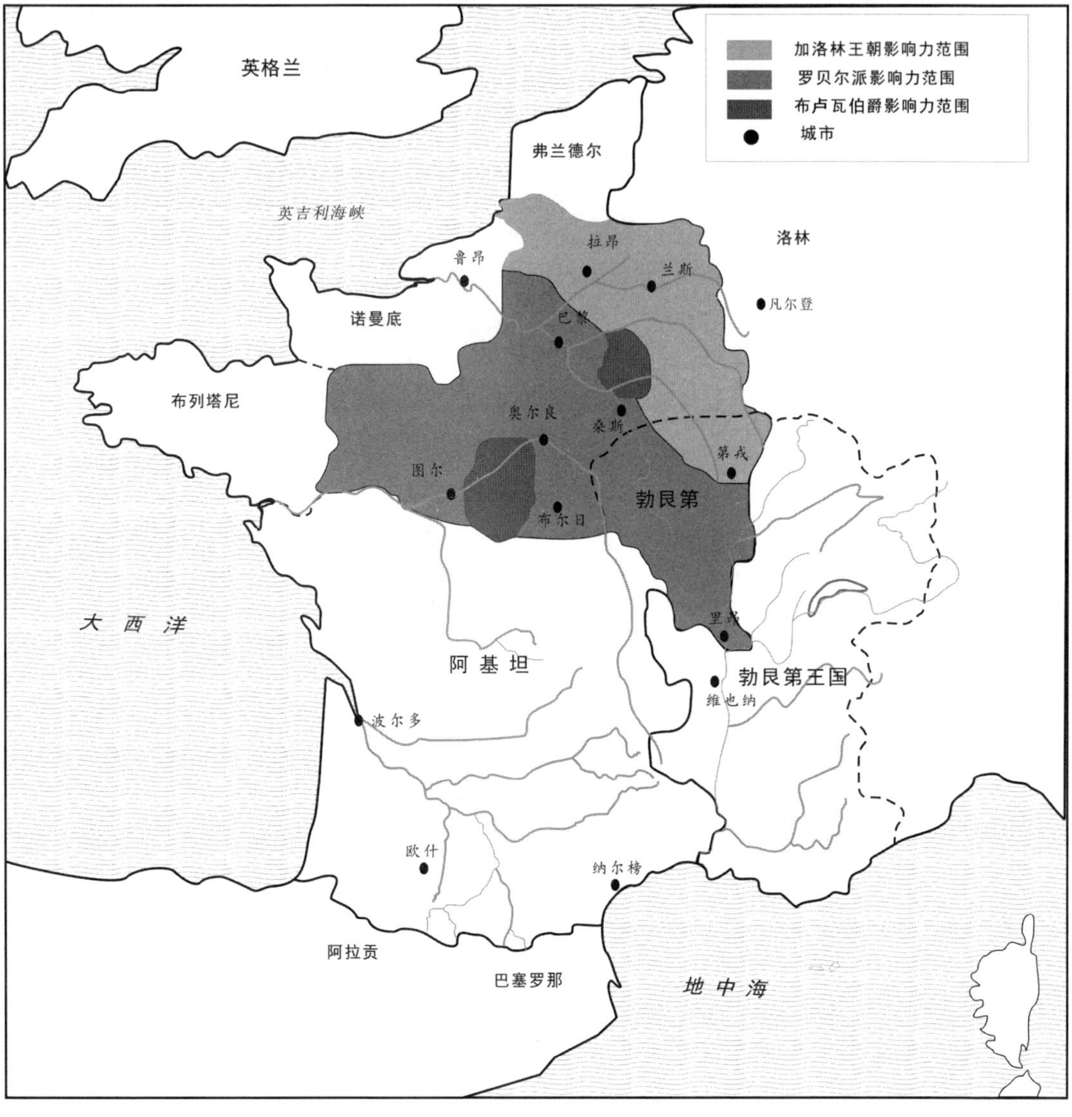

加洛林王朝影响力范围
罗贝尔派影响力范围
布卢瓦伯爵影响力范围
城市
英格兰
弗兰德尔
英吉利海峡
洛林
拉昂
兰斯
鲁昂
凡尔登
诺曼底
巴黎
布列塔尼
奥尔良
桑斯
第戎
图尔
勃艮第
布尔日
大西洋
里昂
阿基坦
勃艮第王国
维也纳
波尔多
欧什
纳尔榜
阿拉贡
巴塞罗那
地中海

图 15　卡佩王朝的兴起

15. 从巴黎伯爵到卡佩王朝

东法兰克国王“胖子”查理代掌西法兰克王国(884—888)期间，扶持起了卡佩家族。这个家族最初是西法兰克王国派在巴黎进行驻防的伯爵，通过几代人的不懈努力终于取代了为多个民族国家共祖的加洛林王朝，建立起纯粹法国的卡佩王朝。

巴黎伯爵厄德(888—898 年在位)出自卡佩家族，他在巴黎对北来的维京人进行顽强的抵抗，立下赫赫战功，并且得到“胖子”查理的信任，被任命为卢瓦尔河地区的领主。这里是过去纽斯特利亚的故土，厄德因而成为西法兰克中部最大的领主。888 年，“胖子”查理去世，厄德被当地贵族选为西法兰克国王。尽管受到挑战，但他对维京人的成功抵抗为其赢得了名声，也从东法兰克王国那里取得了支持。他所代表的巴黎卡佩家族已经不可阻挡地强大起来。

厄德死后，他的弟弟罗贝尔没能继任国王，但是到 920 年，很多贵族决定不再效忠新任西法兰克国王查理三世，转投罗贝尔。尤其是罗贝尔的女婿勃艮第公爵拉乌尔一世，带领一帮贵族带头反叛，推举罗贝尔为国王，称罗贝尔一世(922—923 年在位)。查理三世被迫逃亡，到洛林与罗贝尔一世对峙。

查理三世组织起一支军队向罗贝尔进攻，923 年 6 月 15 日，在苏瓦松一役中，罗贝尔一世与查理三世进行了决战。这场战争中，罗贝尔一世输给了查理三世，战死沙场，但是罗贝尔的军队死守顽抗，他的儿子大于格(898—956)甚至站到父亲的尸体上鼓舞他的士兵，最终获得了成功。

苏瓦松战役对加洛林王室的打击是致命的，从此西法兰克王国江河日下，最终为新兴的卡佩王朝所取代。

西法兰克末代国王路易五世被毒死，死后绝嗣。兰斯大主教等贵族极力推举大于格的儿子于格·卡佩（987—996 年在位）继任国王，他虽不是唯一的贵族，但却是西法兰克王国中唯一在军事和政治实力上能够压倒一切对手的人。987 年 7 月 3 日，于格·卡佩成为国王，由兰斯大主教为其加冕。从此，卡佩王朝取代了加洛林王朝。西法兰克王国从此为法兰西王国所取代，从这里开始，我们就可以很方便地将这个王国简称为法国了。

对于这篡夺来的王位，于格·卡佩很担心坐不稳，于是他在即位同年的圣诞节，为其儿子罗贝尔加冕，以确保其身后的王权连续性。然而在于格·卡佩的统治时期，仍然充满了诸侯和领主的反叛无常，同之前加洛林朝的国王一样，新的卡佩王朝所面临的仍然是平定诸侯、加强王权的任务，在这一点上他们都是一致的。在地图中我们也可以看到，无论是加洛林王朝还是卡佩王朝，它们的实际统治区域都是非常小的。

996 年 10 月 24 日，于格·卡佩在巴黎去世，也葬于加洛林朝诸王的圣德尼修道院。虽然来之不那么名正言顺，但卡佩王朝仍为其统治合法性而依附上加洛林王朝。

16. 法国封建领地的形成

从墨洛温时期开始就已有封地封臣。有时是为了奖赏作战勇敢的臣仆,有时是为了赐封国王诸子。国王将地方的管理委托给亲信,并赐予土地,称作伯爵,对教会也会赐给一定的土地。到加洛林帝国时期,这些领地逐渐变成世袭的,赏赐的土地也逐渐转变成采邑,拥有独立于中央政府的豁免权。随着查理曼的征服战争,在新征服的土地上也形成了众多领地,设立伯爵领(伯国)、公爵领(公国),等。这些封臣听命于查理曼,形成加洛林帝国的附庸,如巴塞罗那伯国、萨克森公国等。

但封建制度的成熟时期还是在9世纪以后,尤其是伴随着维京海盗的入侵和统一的加洛林帝国的解体,封建领地开始大规模地出现和形成。后来成为国王的卡佩家族其实就是由驻守巴黎的伯爵发展而成的。与此同时,许多其他领地也都在向周围大量蚕食,变得日益膨胀。10世纪,各块领地逐渐开始定型。

如图16所示,作为巴黎近畿,布卢瓦伯国的地位非常重要。这里在9世纪经常遭到维京人的洗劫,最初是子爵领地,960年上升为伯国。首任伯爵蒂博一世南征北战,苦心经营,迅速扩大了领地,造成对卡佩王室的威胁。韦芒杜瓦伯国的中心是今圣康坦,由"虔诚者"路易分给其长子中法兰克王国国王丕平,丕平又传其私生子贝尔纳,建立伯国。这个伯国相当强大,基本上将巴黎王室领地包围其中,又由于是加洛林王朝的嫡亲,因此长期与卡佩家族相龃龉。

在巴黎以西,从北到南,诺曼底公国是911年由加洛林朝国王赐封给前来侵略的维京人而形成的。安茹伯国可上溯至墨洛温时期的法兰克领地,后由卡佩家族分封了安茹子爵,898年上升为伯国,后来几经联姻形成了著名的安茹家族,正是从这个家族产生了英国金雀花王朝,也

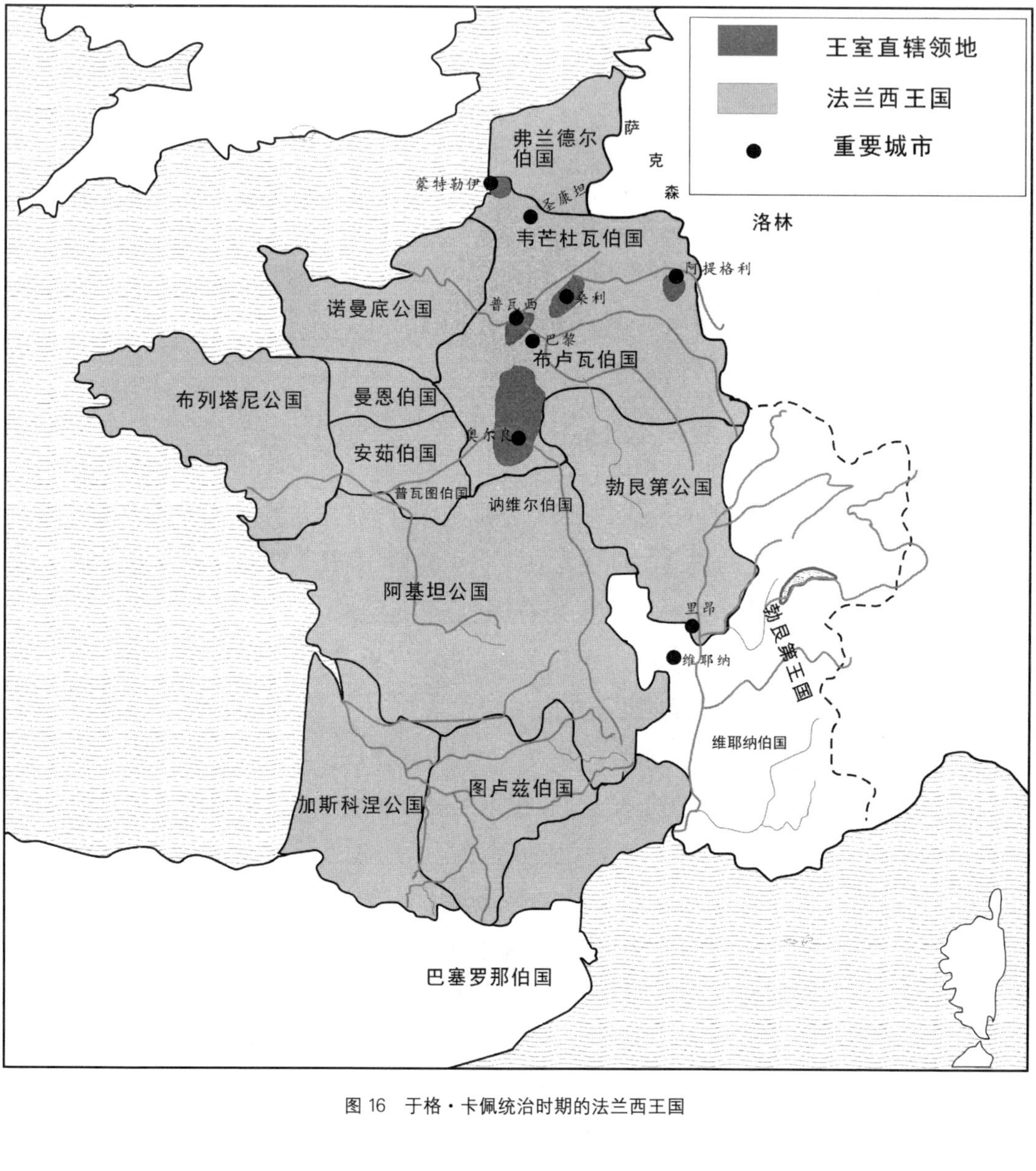

图 16　于格·卡佩统治时期的法兰西王国

产生了对卡佩王室的离心力。布列塔尼早期是一贯独立的王国，直到维京人入侵之后才形成公国，但是更为亲近英国。

卢瓦尔河以南地区在加洛林帝国解体以后也变得七零八落，形成了诸多领地。过去属于加洛林王室直接控制的阿基坦王国此时成立公国，由普瓦提埃伯爵、奥弗涅伯爵和图卢兹伯爵轮流坐庄，在 10 世纪中叶归于普瓦提埃伯爵，在此后的两个世纪极为繁盛，拥有法国各诸侯中最大的领土。

再来说勃艮第公国。这个源于墨洛温时期的王国，历经加洛林王朝几次分裂之后，由西法兰克和东法兰克平分。经过内部斗争和维京人的侵略威胁，勃艮第公国最终在 912 年形成，拥有广阔领地和众多附庸，如维耶纳、奥顿、特鲁瓦、讷韦尔、桑斯、欧塞尔等伯国。勃艮第公国在 11 世纪落入卡佩王室手中，但紧接着又被封给王子，继续独立于法兰西岛。

在这些领地领主之间以及他们与国王之间达成了某种契约，以领主、封臣和封地为中心，形成了臣属关系和封建制度。领主与封臣之间各有权利和义务，封臣得到领主的保护，但要效忠领主，为领主提供一定的军事服务和经济支持，领主有收回封地的权利。

从理论上讲，法国最高的领主是法国国王，但是在封建制度尚未成熟时的 9 至 12 世纪，法国王室充其量也就是众多领主中不起眼的一个，须在众多强大领主包围的缝隙中求生存。

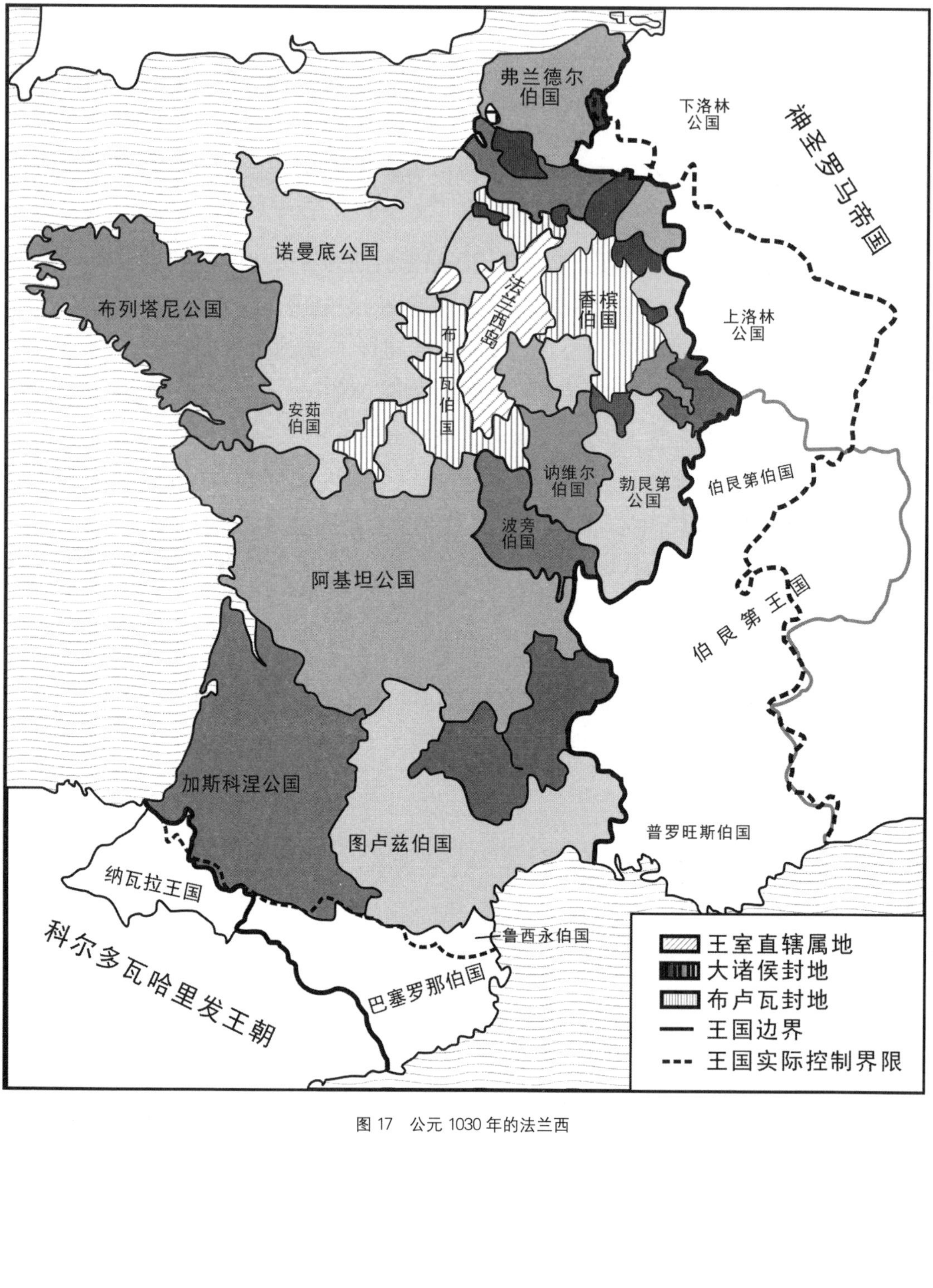

图 17　公元 1030 年的法兰西

17. 大领主堆里的小国王

在卡佩王朝的初期，王国内仍充斥着国王与诸侯的斗争。

经过几个世纪的发展，法国的版图在扩大的同时，也变得日益复杂，除了王朝更替，各地领主也在发展着各自的势力，他们与卡佩家族一样过去都是加洛林王朝的附庸，因此看到卡佩家族推翻王室自立后，并不打算买账。到10世纪和11世纪之交时，一些稳定的领地和诸侯国已经形成。这些诸侯领地相当庞大，从图17可以看出，王室领地相比之下就仿佛大海中的几叶扁舟，仅拥有奥尔良和巴黎等几块小领地，它所能控制的就只有一个从奥尔良到桑利的南北长约200公里，东西宽不到100公里的狭长地区，因而也被称作“法兰西岛”。

于格·卡佩同大领主们进行着斗争，其子罗贝尔二世（996—1031年在位）沿袭了父亲的一些外交政策，如与诺曼底公国和安茹伯国结盟，遏制布卢瓦伯爵的扩张野心。他的另一项成就，就是在勃艮第公爵死后无嗣的情况下，于1004年兼并了这一大块领地，使其附属于法国。但是不久，这块领地又被分封给了他的第三个儿子罗贝尔，勃艮第公国因而又继续成为相对独立的领地。上勃艮第的东部和南部的普罗旺斯原来同属于勃艮第王国，此时则归属于神圣罗马帝国。

罗贝尔二世的次子亨利一世于1027至1060年在位，这30年里，他都在同时不时就叛乱的诸侯们斗争。他曾屡次试图征服诺曼底公国，但都以失败告终。此后的50年由腓力一世（1060—1108年在位）统治，仍是为了王室在夹缝中生存，为了扩大王室领地而战。

腓力一世登基不久后出现了一件大事，1066年，诺曼底公爵“征服者”威廉渡过英吉利海峡，征服了英国，成为英国的国王。这一事件对腓力的震撼很大，因为诺曼底公国骤然间膨胀壮大起来，实力大于他数倍。

腓力决定向这个潜在的老对手挑战。他寻求安茹伯爵和弗兰德尔伯爵的支持，这两个伯国也都感受到了邻居诺曼底公国强大起来的威胁。腓力的联军同“征服者”威廉于 1076 年打了一仗，在布列塔尼大败威廉，趁机掠取了一些领地，此后腓力又使出反间计，利用威廉的儿子反对他，但是都没有获得多少进展。这个诺曼底-英格兰跨海王国的势力太大，此后都将是法兰西国王的一个心头之患。终其一生，腓力一世都只是在王室领地周围零敲碎打获得一些领地，总体看来，王权仍然蜷缩在巴黎周围的法兰西岛一隅，对着四周的大小诸侯望洋兴叹。

概言之，在卡佩王朝初期，王权的力量实在弱小，对于南方的诸侯如阿基坦、加斯科涅、图卢兹无能为力，北边的诸侯如布列塔尼、诺曼底、弗兰德尔、勃艮第也都是与国王平起平坐，国王最多就只能与周边的一些小领地斗争，以此来增加王室的领地。

而在此后两个世纪里，卡佩王室的政策仍然是以弱小之躯不断同各大诸侯进行不懈的斗争，以巩固王权的统治，但始终是大领主堆里的小国王。

18. 克吕尼修道院的改革

到公元10世纪时，由圣本笃开启的、已历几百年的修道院运动，越来越受到腐败风气的影响，无论在经济上还是政治上都成为众矢之的，改革迫在眉睫。910年，阿基坦公爵“虔诚的”威廉在法国东部的勃艮第建立了一种新型修道院，位于克吕尼，故称作克吕尼修道院，开启了以修道院为主体的宗教改革运动。

改革的内容包括，不管是世俗领主，还是当地主教，都不能干预修道院的事务，修道院院长由修士们自行推选，并且直接听命于教皇。克吕尼修道院致力于改革，正是由于教会的腐败现象日益增多，教会不仅贪污钱财，与世俗权力同流合污，而且教士也不奉行独身制度，多受到世俗权力的控制。为此克吕尼修道院呼吁摆脱世俗权力的干预，坚持教士的独身制度，创建一个纯洁的教会。

克吕尼修道院的成功产生了很大的影响，甚至兴起了蔚为大观的持续近两个世纪的克吕尼运动。从此，各地领主都会在自己的领地中建立类似的修道院，或者邀请克吕尼修道院的修士前来帮助建立纯洁的修道院。在克吕尼修道院建立之后的一个世纪里，欧洲各地就出现了千余所类似的修道院分院，其中尤以法国为主，因此对法国的历史影响颇深。克吕尼逐渐超越了单个修道院，成为整场修道院改革运动的代称。

与过去相比，改革后的修道院有了很大进步，出自克吕尼修道院的修士得到了教会高层的认可，往往能够平步青云，直接出任主教甚至大主教、红衣主教乃至教皇，如格里高利七世和乌尔班二世，就出自克吕尼修道院。克吕尼的改革精神触动了教会高层，长期以来，教廷都在努力为改良社会和改革教会努力，而克吕尼修道院的成功使他们看到了希望，于是不遗余力提拔克吕尼的修士，让他们直接进入教会高层，甚至直

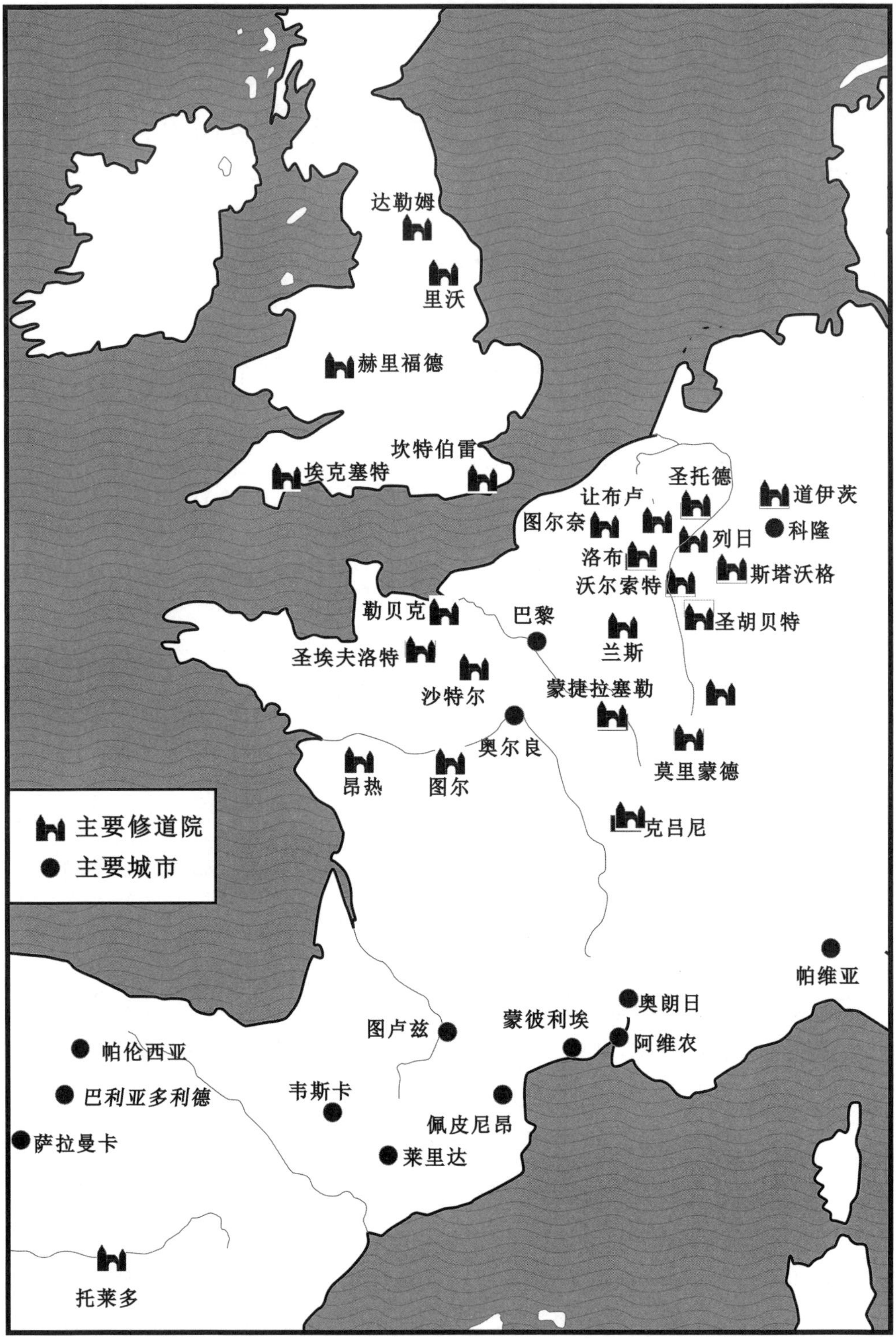

图 18　克吕尼修道院分布(10 世纪)

接出任教皇，以此带动整个教会向好的方向发展。

同过去本笃会修道院的传统相比，克吕尼修道院有了很大的变化：本笃会规要求修士亲自参加体力劳动，自食其力，从而改造自己的灵魂，但克吕尼修士却放弃了这一点，将劳动事务交给依附修道院的农民进行，修士则集中全部精力用于祈祷以拯救世间众生的灵魂。修道院成为纯粹的灵修中心。

克吕尼修道院也支持上帝的和平运动，他们鼓励朝圣者去圣地朝拜，并且对修道院的建筑、装饰等做了革新，提倡在教堂中使用花窗玻璃、复调音乐、金属祭器、毛织挂毯，等等，推动了教堂的发展。这与当时迅速发展的经济水平也是相适应的。正是有了迅速发展的工商业，才使克吕尼修道院得以更好地接近上帝。

克吕尼修道院的巨大成功，也为其带来了巨大的财富。不可避免地带来的还有腐败，高尚的理想和情操在财富的腐蚀面前仍然退败了，原先的改革者沦为被改革对象，克吕尼曾秉持的改革目标将由新的修道院来承担。

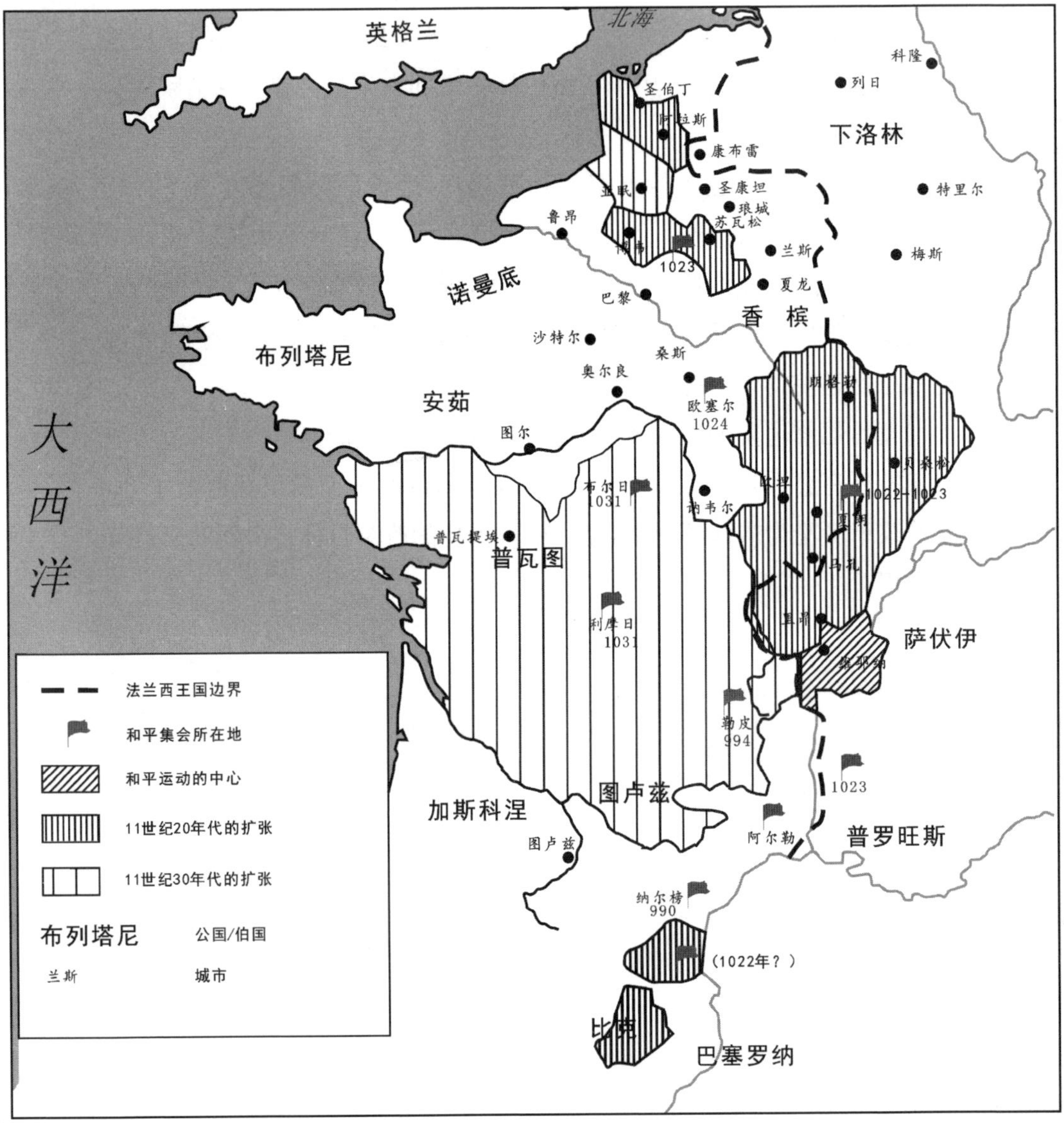

英格兰
北海
科隆
列日
圣伯丁
阿拉斯
下洛林
康布雷
圣康坦
特里尔
亚眠
琅城
鲁昂
苏瓦松
1023
兰斯
梅斯
诺曼底
夏龙
巴黎
香槟
沙特尔
布列塔尼
桑斯
奥尔良
朗格勒
欧塞尔
1024
安茹
大西洋
图尔
贝桑松
布尔日
1031
讷韦尔
欧坦
1022-1023
普瓦提埃
普瓦图
马孔
利摩日
1031
里昂
萨伏伊
勒皮
994
1023
图卢兹
加斯科涅
阿尔勒
普罗旺斯
图卢兹
纳尔榜
990
(1022年？)
巴塞罗纳
法兰西王国边界
和平集会所在地
和平运动的中心
11世纪20年代的扩张
11世纪30年代的扩张
布列塔尼
公国/伯国
兰斯
城市

图 19　上帝的和平运动

19. 上帝的和平运动

跨越新千年，是大量惶恐不安的人们所期待和恐惧的。尤其是邻近第一个千年末期的时候，传言上帝的最终审判将会出现，世间的一切丑恶都将被抹去，但究竟是上天堂还是下地狱，却是人们无法把握的。面对着极度的不确定性，暴力和犯罪现象大量增加。

这时也正是加洛林王朝解体后传统权威瓦解，而新政权尚未树立起威信的时期，各地领主趁机扩张领地、篡夺权力，诸侯之间的战争也如同家常便饭。卡佩王朝国王对此毫无办法，任由各地领主胡作非为。而大量骑士的出现更是添乱，他们不顾法律制约，时时劫掠教会和富人。

上帝的和平运动就是在这个背景下兴起的，当世俗权力无法保证社会的稳定和安全时，教会决定接过这一重任，维持秩序。教会发动这场运动，希冀能够消弭战争，迎来和平。他们的目的还有保护教会的财产，以及商人和农民的安全，这样才能保证地租和什一税的按时交纳。而且，教会还有一个长远的打算，不仅想要摆脱世俗权力的干预，更是想要驯服领主和骑士，使他们归顺为己所用。上帝的和平运动也得到了一些领主和国王的支持，他们认为只有通过这样的合作才能更好地保护自己的利益。

于是，从10世纪下半叶开始，上帝的和平运动最先发端于法国南部和中部，这里国王的权威达不到，修道院却非常多。11世纪上半叶，运动逐渐扩展到法国西部和北部。

上帝的和平运动最初主要以和平集会的方式进行。第一次和平集会是在989年，由波尔多大主教贡波在普瓦提埃主持的。随后，990年在纳尔榜，994年在勒皮也都举行了和平集会。每次集会上，大家都高呼和平，号召强化法律，并对着圣骨及圣徒遗物进行宣誓。集会往往以圣物为中心进行，并且还有施行奇迹的表演，与会者虔诚地祈求和平降临。集会也以上帝之名发布和平法令，谴责那些劫掠教堂、教士和穷人的行为，以革除教籍作为惩罚。

一开始参加集会的人都是教士和普通民众，以及处在社会边缘的人，后来也有王公贵族参加。所有到会的人都必须宣誓，保证维护和平。每次会议上都由教士郑重地将会议决定记录下来，成为法规，和平誓言被看成是人与上帝之间签订的协议，神圣不可侵犯。由于集会都由主教主持，且每次都郑重记录下来，后来就逐渐演变成了主教会议。

到11世纪上半叶，和平集会进一步发展成上帝休战运动，即规定在特定的时间内出于对上帝的尊重，所有人都应当放下所有武器，对于那些不能遵守和平规定的骑士或领主，将把他们排斥在教会的所有活动之外，这就意味着他失去了教会的帮助和拯救。此外，大家也可以联合起来使用武力对其进行遏止。这是为了把骑士的暴力活动和领主的私斗限制在特定时间之内，避免社会各个阶层均受其害。

经过上帝的和平运动，主教的地位大大提高，教会的权威也随之上升，他们被赋予了绝罚（开除教籍）的权力，成为王权孱弱、领主独立的社会中一股重要的势力。

20．圣伯尔纳与西多会修道院改革

同克吕尼修道院一样，新兴的西多派修道院也是从法国东部勃艮第地区兴起的。

1098 年，出于对克吕尼修道院某些弊端的不满，香槟地区的本笃会修士罗贝尔认为应当遵守严格的圣本笃会规，于是带领十几个修士出发前去创建一座新的修道院。当到达第戎附近一块名为西多的沼泽地时，他们停下来了，在此创建了新修道院，新的修道院亦以此地地名命名。

创建新修道院的目标是要过简朴、宁静的生活，严格遵循圣本笃的教诲，远离尘嚣，独处修行，并且在祈祷和阅读的间隙参加体力劳动。罗贝尔不久迫于教廷之命又回到原来的修道院，他的助手接管了修道院。

这一新型修道院的发扬光大还要等到另一个圣人的出现，这就是圣伯尔纳(1091—1153)。伯尔纳出身贵族之家，但年轻时即遵从母愿进入修道院成为修士。他有极强的感染力，带动许多人同他一起修道，甚至他的家人也都被他说服放弃世间荣华去修道。1112 年春，伯尔纳带着他的亲友三十多人进入西多修道院。伯尔纳进入西多会促进了该会的大飞跃，他接连创建了很多座修道院，到其 62 岁去世时，西多会在整个欧洲已经拥有了 300 多座修道院，其中最为有名的是 1115 年创建的克莱沃修道院(意译为“明谷修道院”)，伯尔纳亲任院长，因此他也常被称作“克莱沃的伯尔纳”。

圣伯尔纳以其伟大的人格和超群的魄力影响到了整个欧洲。他主张通过艰苦的修道和俭朴的生活进行个人灵修，并劝勉信徒不要贪恋世间物质，而是要凭着自律和祈祷热爱上帝，如此方能认识上帝。伯尔纳认为只有通过信仰和灵修才能获得知识，在当时城市广泛兴起的大学里

图 20　西多派修道院分布(12 世纪)

则强调利用理性的方法进行认知，为此伯尔纳同当时的著名知识分子阿伯拉尔还进行了几次大辩论，坚持自己的观点。伯尔纳并不是只囿于修道院围墙内的修士，也广泛参与政治活动，他大力推动教会的改革，对于新教皇的选举，他坚持认为只有道德高尚的人才能成为教皇。圣伯尔纳本人的威望甚至超过了教皇，他对宗教的热忱也体现在四处奔走发表演讲，将这种热忱传播给更多的人。12 世纪中叶，教廷号召第二次十字军东征，夺回东方失陷的圣地，伯尔纳更是到各国游说和巡回演讲，说服法国国王路易七世和神圣罗马帝国皇帝康拉德三世加入到这场十字军东征去。

西多会迅猛的扩展势头成为修道院改革的重要推动力量，到 12 世纪末西多会已经拥有 500 多座修道院，此后两个世纪又增加了 200 多个，遍布欧洲各地。建于勃艮第丰特内的西多会修道院颇为有名，它于 1118 年由圣伯尔纳建于第戎西北方 60 公里处的山谷中，除了罗马式的教堂、回廊，修道院及其附近也有锻铁工场等劳作场所，贯彻了西多会修士身体力行、自给自足的宗旨。

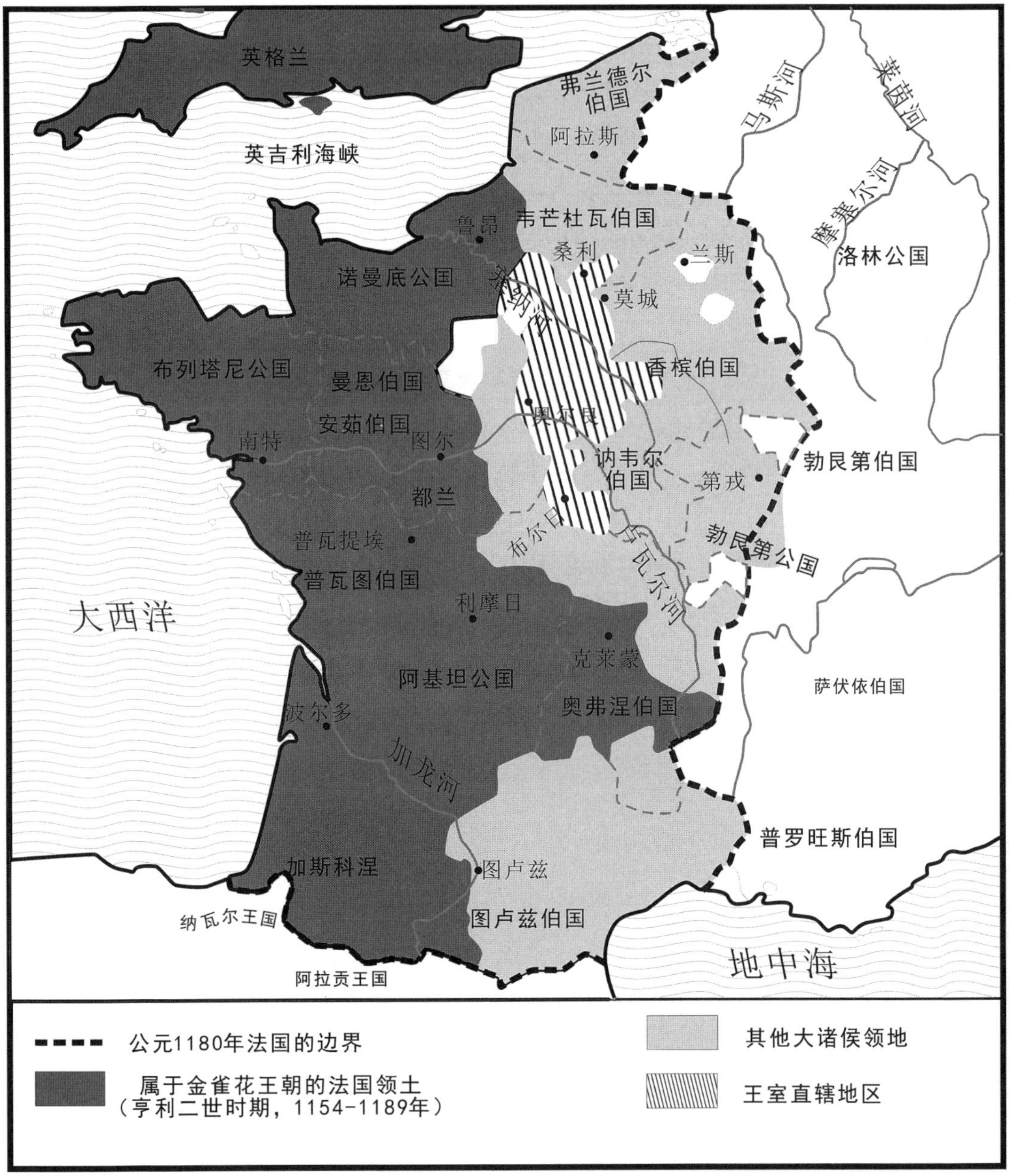

图21　公元1180年的法国

21. 艰难的转折

17节谈到，卡佩王室直接控制的领土很少，但陷入诸侯重重包围的卡佩王室面对强大的对手，毫不懈怠，一代代的国王都会知其不可而为之，尽最大努力将王室领地向外拓展。从12世纪开始，这些努力终于逐渐变得成果斐然。

腓力一世的儿子路易六世（1108—1137年在位）身体肥硕，因而被称作"胖子"路易。他27岁即位，继承父辈的遗志，继续致力于壮大法国的王权，并逐渐打破了前两个世纪陷入的僵局。这时期在欧洲普遍兴起了城市，路易六世大量赐予城市自治权，以此换取市民的帮助，共同对付领主（参见第25节）。路易借助城市和教会的支持，大力同诸侯斗争，只要听命于他的诸侯或教会向其求救，路易就会带领军队赶赴战场，战败的反叛领主的领地一律收回；路易六世努力平定王室领地和附近诸侯的叛乱势力，无情地拆毁其城堡，并在其上驻扎王室军队；除了继续蚕食各处小领地外，路易六世还利用联姻获取大的领地，如他同阿基坦公爵联姻而借机将该公国纳入到王室的控制下。最能显示路易六世地位提高的是，1124年8月，他在兰斯战胜了来犯的神圣罗马帝国皇帝亨利五世及其英国同盟军。这一战，在路易的号召下许多贵族都赶来，除了法兰西岛附近的大小领主，勃艮第公爵、阿基坦公爵、弗兰德尔伯爵等也都前来作战，在庞大的法军面前，皇帝退缩了，而英王则被击退。此役也使法国王室在所有诸侯面前树立起了很高的威望。

路易六世的努力，将法国王室带入了一个新的时代，小小的国王开始壮大，突破领主们的重围。但这个转折却并不是一帆风顺的，接下来出现的一个安茹帝国将使法国国王再次陷入困境。

这个帝国的出现是由于国王路易七世不幸的婚姻所致。路易六世利用联姻为卡佩王室获取阿基坦公国打下了基础，他的儿子路易七世(1137—1180 年在位)同阿基坦公爵的女儿埃莉诺(1122—1204)结婚，阿基坦因此被并入王室领地。但是这个领地却并不那么容易保住。埃莉诺是个风流成性的女人，路易七世参加十字军东征期间，埃莉诺与人私通，路易大怒，再加上埃莉诺总是不能为他生出个儿子，于是坚决与其离婚。埃莉诺转而嫁给了英国国王亨利二世，阿基坦公国也随之而去，赠给了英国国王。为此，路易七世与亨利二世数次战争，都未能再夺回领地，反而愈发加深了两国王室的宿怨。路易七世还试图兼并香槟伯爵领地，但也没有成功。

而这时期的英国王室日益强大，同法国唱起了对台戏。英国这时兴起了金雀花王朝，开创者正是娶了路易七世弃妇埃莉诺的亨利二世。亨利本是英国国王亨利一世的外孙，由于宫廷内乱而没能继承英国王位，但是获得了诺曼底公爵领地，也继承了父亲的安茹伯爵领地。他在 19 岁时娶了 30 岁的埃莉诺，因此又获得了嫁妆阿基坦公国。这一来，亨利成为法国最大的领主，辖地远远超过法国国王。到 1154 年，亨利终于夺回了英国王位，一个跨越英吉利海峡的大帝国形成了。因其父安茹伯爵喜好头上戴一朵金雀花，因此这个王朝又称作“金雀花王朝”。这是英国中世纪最强大的王朝，成为法国的劲敌，法国的半壁江山归于英国。

22."奥古斯都"腓力二世的丰功伟绩

路易七世之子腓力二世(1180—1223年在位)是卡佩王朝第一位强大的君主,因其赫赫功绩而被誉为"奥古斯都"。

他即位时面对的是一个庞大的英帝国,占据了法国的一半国土。当然,这些国土还不是属于法国王室的,而是它的封臣们的领地,但是腓力已经决定要来一次大扩张了。

腓力14岁加冕为国王。次年与弗兰德尔伯爵之女伊莎贝拉结婚,将其阿图瓦领地收归法国王室,实现了与强大的弗兰德尔领地的联盟。15岁时他的父亲路易七世去世,其叔父香槟伯爵同兰斯大主教、沙特尔伯爵一道作为其监护人,代理国事。香槟伯爵权倾宫廷,但腓力的超群魄力和政治手腕从这时起就表现出来了,英国国王来访时他撇开了香槟伯爵而直接同来宾进行会谈,还利用埃诺伯爵的力量同香槟伯爵斗争,迫使后者让出了大量领地,从而制服了桀骜不驯的香槟家族。虽然后来香槟伯爵伙同弗兰德尔伯爵叛乱,但最终还是被腓力降服。

腓力二世沿用其祖父"胖子"路易的策略,大量颁发城市特许状,用允许城市自治的让步来换取城市的支持,从而与城市联手共同打击领主。同时,他还极力争取教会的支持和小领主的拥护,在这些外部条件具备以后,他就放手大肆兼并各处领地,扩张王权势力。

最大的兼并和扩张对象显然是英国金雀花王朝,他的对手是拥有诺曼底公国、安茹伯国、阿基坦公国的英国国王亨利二世,这也是他父亲的老对手。亨利二世娶了与路易七世离婚的埃莉诺以后,也被红颜祸水所拖累,埃莉诺为其生了几个儿子,却极力挑拨父子间的关系,鼓动儿子们争夺父亲的王位。腓力二世也巧妙地利用了这种家庭矛盾,他极力挑唆亨利二世同他几个儿子之间的关系,并支持其中的"狮心王"理查及其弟

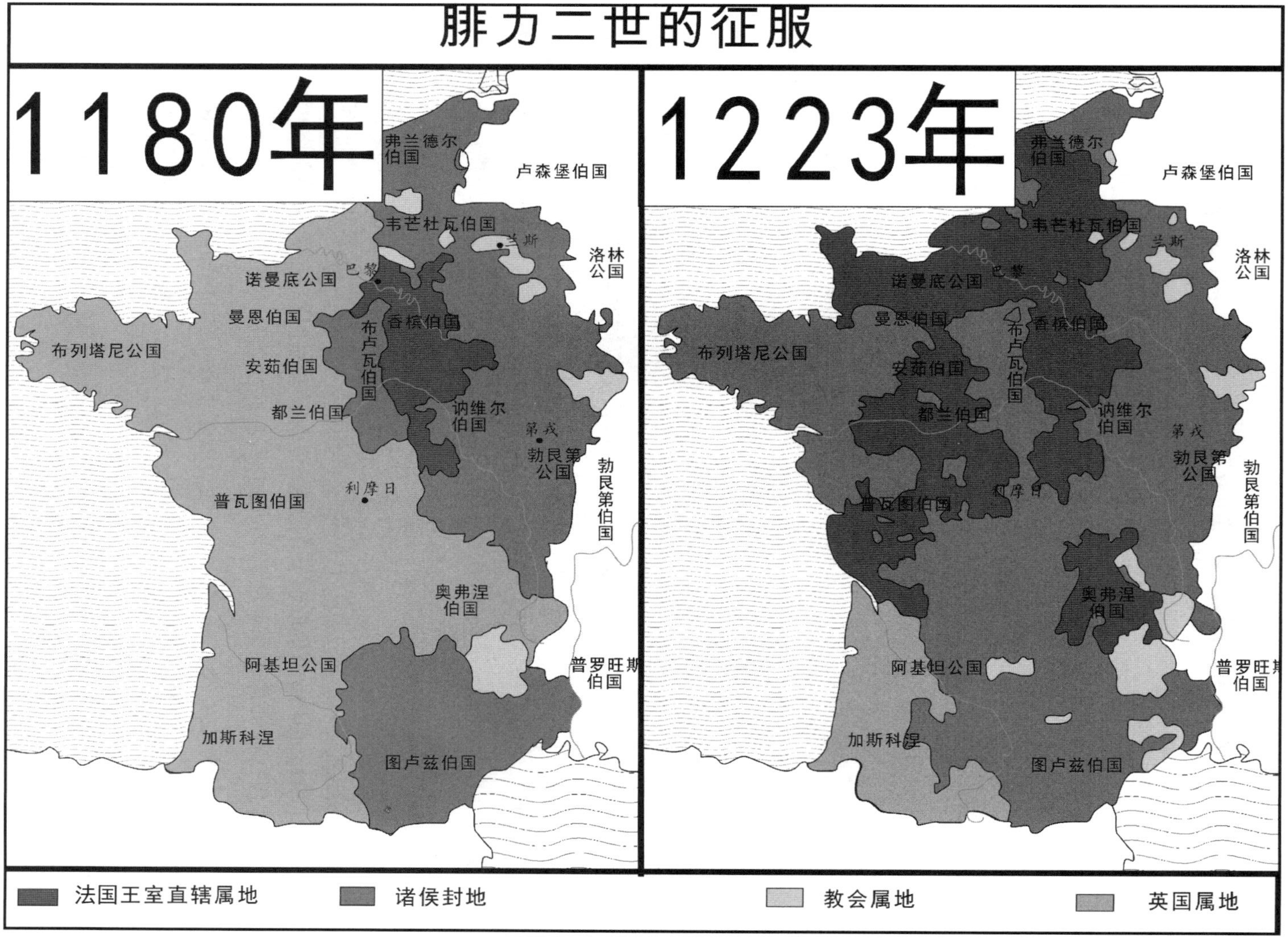
腓力二世的征服
1180年
1223年
弗兰德尔伯国
卢森堡伯国
韦芒杜瓦伯国
兰斯
洛林公国
巴黎
诺曼底公国
曼恩伯国
香槟伯国
布列塔尼公国
布卢瓦伯国
安茹伯国
都兰伯国
纳维尔伯国
第戎
勃艮第公国
勃艮第伯国
利摩日
普瓦图伯国
奥弗涅伯国
阿基坦公国
普罗旺斯伯国
加斯科涅
图卢兹伯国
法国王室直辖属地
诸侯封地
教会属地
英国属地

图 22　腓力二世的征服

“失地王”约翰发动叛乱，当“狮心王”理查继承王位后，他又设计同理查斗争。

1189年第三次十字军东征开始，腓力二世同“狮心王”理查都参加了。二人的矛盾从一开始就表现了出来，腓力二世较有心计，半路就折回，趁“狮心王”理查在东方厮杀时破坏他的后方阵营，大肆侵犯金雀花王朝在大陆上的领地。理查返回途中又被腓力二世的盟友奥地利公爵俘虏，关押了数年。这些行为终于让理查出离愤怒，他同弗兰德尔伯爵一起向腓力发动进攻，但最终却不幸阵亡在法国。之后，约翰继承英国王位。但腓力的反攻没有结束，一直在寻找有利时机发动一次致命的攻击。

1200年终于为腓力提供了一次绝好的机会兼并安茹帝国在欧陆的领地。这一年，约翰与马尔什伯爵的未婚妻昂古莱姆的伊莎贝拉结婚，马尔什伯爵失去了兼并昂古莱姆领地的可能性，气不过就去找腓力二世诉苦，腓力于是决定利用这次机会狠狠打击对手，他要求约翰以法王封臣阿基坦公爵的身份到法国接受自己的裁决，但是遭到约翰的拒绝，腓力便立即宣布将英国在法国的所有领地一律没收。接着，腓力率兵攻打诺曼底，最终征服了这里，将英国势力赶了出去。1206年，腓力二世与约翰签订了和约，约翰放弃其在法国的绝大部分领地，即诺曼底、曼恩、安茹、都兰、阿基坦。他所保留的普瓦图伯国后来也被腓力二世夺取，约翰故得“失地王”恶名。

经过这几次回合，腓力二世彻底扫除了法国王室发展的障碍，剩下的零星的领地已经不再是法国国王的对手了。

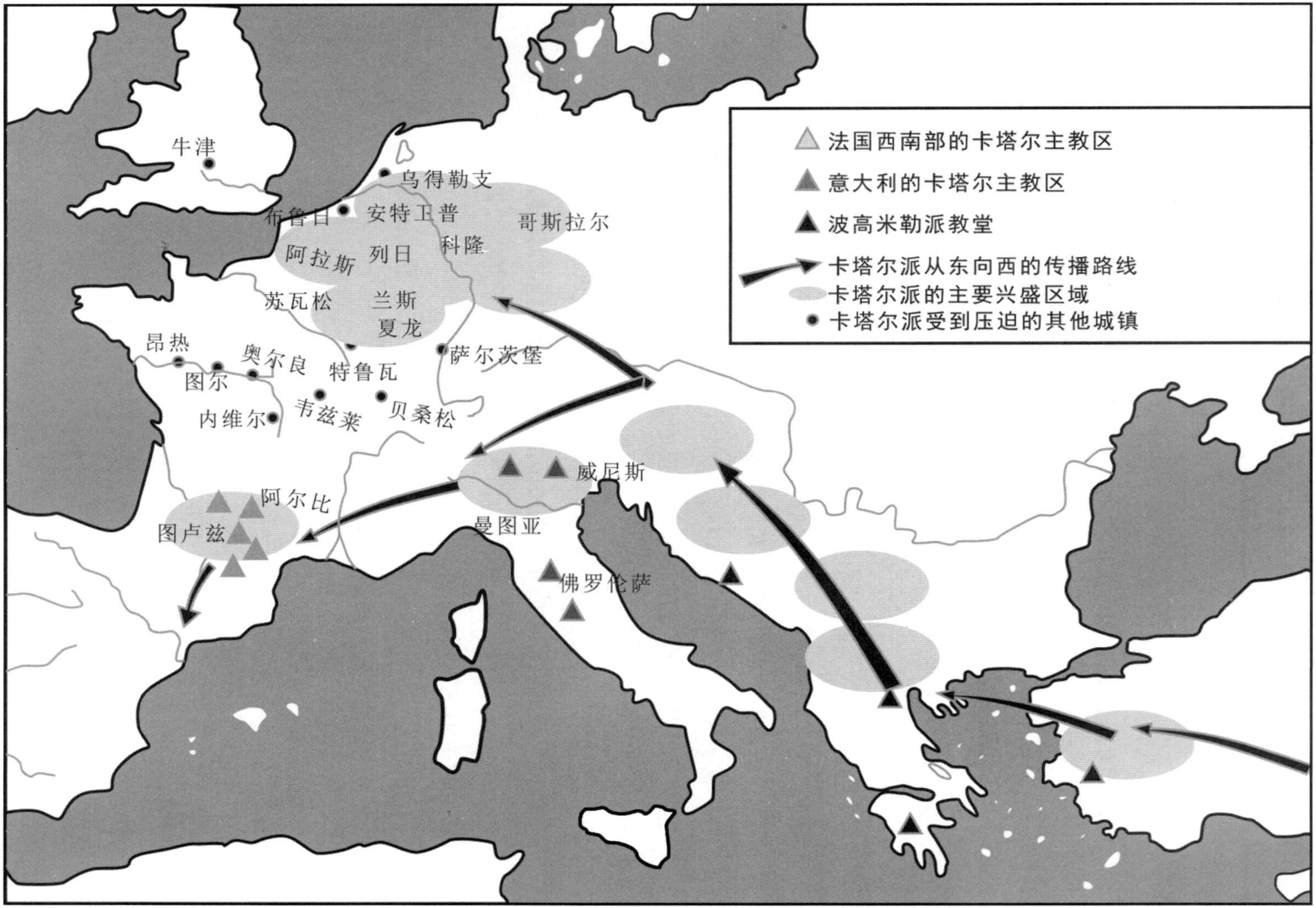

图23　卡塔尔派的分布(13世纪)

23．异端卡塔尔派

12、13世纪，在法国南部出现了一些新的教派，它们不同于正统的基督教，被罗马教皇摒弃为异端，其中尤以卡塔尔派最为有名，影响也最为深远。

卡塔尔派的渊源在东方，最早要追溯至波斯地区的摩尼教，在罗马帝国晚期从东方传入欧洲，一直隐匿于民间。7世纪，在拜占庭帝国亚美尼亚地区形成一支基督教团体保罗派，他们信仰类似摩尼教的正邪善恶对立理念，追随保罗而反对彼得，认为基督教会是邪恶的。这个派别受到拜占庭帝国的排斥，被迁到巴尔干地区，却为当地保加利亚人所继承转变成波高米勒派，并逐渐传入西方。这个派别与早已传入西方的摩尼教融合，产生出新的一派，即卡塔尔派，意为“纯洁”。由于该派于1145年传入法国南部小城阿尔比，因而在法国历史上多称作阿尔比派。

卡塔尔派循着传播的路线，影响蔓延巴尔干半岛、意大利北部和法国南部，尤其以法国南部比利牛斯山区为活动中心，后来也传入到法国北部和德国。卡塔尔派主要活跃于法国西南部的图卢兹伯国，及其属下的几个子爵领地阿尔比、卡尔卡松、尼姆、贝济耶、阿格德等。这里是今天法国南部的朗格多克-鲁西永大区和南比利牛斯大区，南邻西班牙，是较晚才被整合进法国的部分。

同正统基督教会不同，卡塔尔派信仰的不是一神论，而是坚持善恶两元论，并且认为有善恶两个神，善神创造灵魂和精神世界，而恶神创造肉体和物质世界，两神之间不断斗争。卡塔尔派反对物质世界中的欲望、疾病、痛苦，信仰灵魂和精神高于物质。同这一信仰相应，他们反对罗马教廷，认为教会与物质世界一样混浊黑暗，严厉批评教会的腐败现象。

卡塔尔派在法国南部的流传和盛行，引发了教会对其的多次征讨。1179 年教皇亚历山大三世就宣布它为异端，此后，教皇英诺森三世屡屡想要感化卡塔尔派，使其归顺教会，但始终不能成功，恼羞成怒的教皇于 1209 年组织起一支十字军前去镇压，被称作"阿尔比十字军"，对整个法国南部的基督教异端进行讨伐，这场十字军战争直到 1229 年才结束。当然，宗教战争也被掺杂了世俗的考虑，法国国王腓力二世虽然没有亲自参加，但却任由其诸侯跟随教皇积极参与这次对南部的十字军战争，但他的目的是打压这里有独立倾向的图卢兹伯国等领地，扩大法国国王和中央权力在南部的权力和威望。这也是卡佩王室继在北方扩并安茹帝国领地之后，在法国南部接着进行的王权大扩张。国王与教皇的利益不谋而合，为征讨卡塔尔派提供了契机。腓力二世并没有公开反对卡塔尔派，但暗地里支持骑士攻打图卢兹伯爵，继位的法国国王路易八世、路易九世继续进行南征，夺得阿维尼翁，并进而确立了王权对整个南部地区的统治。

历时 20 年的征战只是个开端，整个 13 世纪都伴随着对法国南部异端的军事镇压，这对卡塔尔派是一个沉重的打击，教士和信徒被大量屠杀，教会组织也受到了极大破坏。但卡塔尔派对法国南部的影响极大，尤其是在广大乡村深入人心，成为村民广泛接受的信仰，直到 14 世纪末才逐渐消失。

24．十字军东征中的法国人

法国在中世纪十字军东征中扮演了极其重要的角色。1095 年，正是在法国的克莱蒙召开的宗教大会上，教皇乌尔班二世决定发动十字军东征，援助被塞尔柱帝国不断压迫的东罗马的基督教兄弟。在教皇的感召下，以“隐修士”彼得和骑士沃尔特·桑萨瓦尔为首，法国领主和修士组织了一支平民十字军，但这支没有战争经验的队伍很快就被消灭在半路上。

1096 年，由法、德、意的领主和骑士领导的第一次十字军东征奔赴东方。其中法国的布永伯爵戈弗雷与其兄弟鲍德温成为主角。在攻占耶路撒冷以后，耶路撒冷王国建立，戈弗雷负责留守耶路撒冷，但他没有称王，而是自称“圣墓守护者”。他死后，鲍德温称王。此后的好几任耶路撒冷国王都是由法国人担任，直到耶路撒冷被萨拉丁夺去。

耶路撒冷被围困使教皇感到有必要再发动一次东征，于是他派法国西多会修道院院长圣伯尔纳在欧洲各国游说宣传，最终鼓动起法王路易七世和德国皇帝领导。1147 年，第二次十字军东征开始。但是路易七世由于家事（与阿基坦的埃莉诺离婚）和国事（英国金雀花王朝入侵）交困，匆匆忙忙便鸣金收军，从耶路撒冷撤退。

1187 年的第三次十字军东征是由英法德三国共同领导的。但是法国国王腓力二世因与英王不和，横渡了一趟地中海后，便草草收兵回到国内。然而这却是个假象，腓力回到法国后立即趁英王不在而攻打其在法国的领地，兼并了诺曼底公国的全部领土。

第四次十字军东征没有法国国王的参加，却由香槟伯爵利奥波德三世领导。然而这场东征却走偏了方向，朝向同盟的拜占庭帝国发动了攻击。与此同时，法王在教皇的鼓动下，发动了对法国南部的异端阿尔比

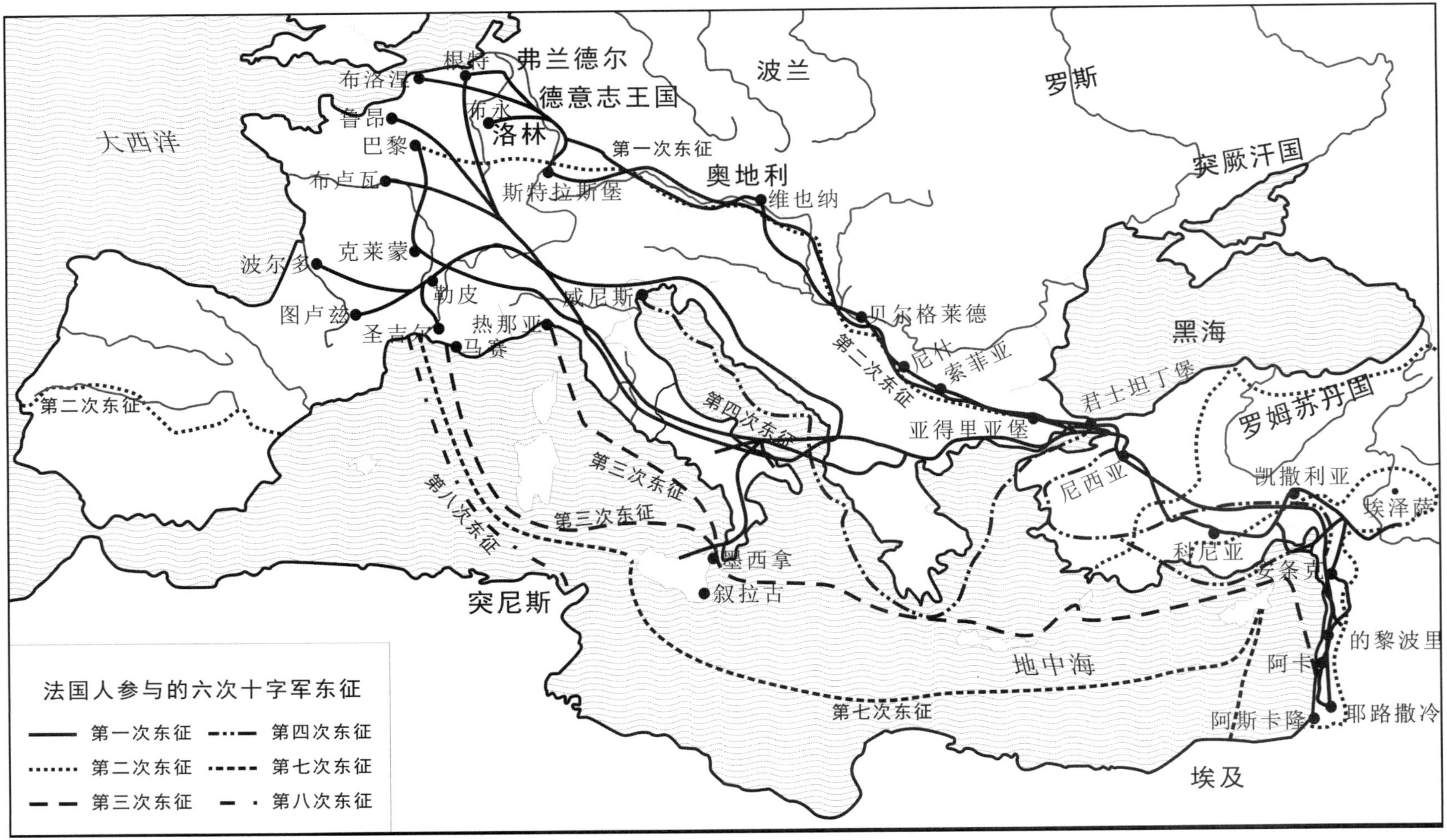

图 24　法国人参与的六次十字军东征

派的讨伐，前后长达 20 年(参见第 23 节)，将法国国王的权力和威望扩展到了法国南部。

当法国国王终于平定了大后方以后，才抽出时间和精力着手进行新的十字军东征。路易九世在 1248 年和 1270 年连续发动了两次十字军东征。第一次(图中的第七次)是进攻埃及的阿尤布王朝，这里也是东方伊斯兰世界的核心所在地。但不幸的是，路易九世在这次东征中被俘，后来用大笔赎金才得以赎回。20 年后，路易九世决定卷土重来，率领十字军进攻北非突尼斯(图中的第八次)，但是这次征程仍然不幸，登陆突尼斯不久，军队就被瘟疫感染，路易九世也未能幸免，十字军被迫撤退，以失败收场。

至此，教皇发动的以近东地区为目标的十字军东征终于结束。在十字军东征的两百年间，一半以上的法国贵族，以及三任法国国王都参与其中。法国人在十字军东征的队伍中所占比例非常之大，以至于十字军在近东地区一般都被称作“法兰克人”，“弗朗机”作为法国的称呼也传遍了从近东到远东的广阔世界。

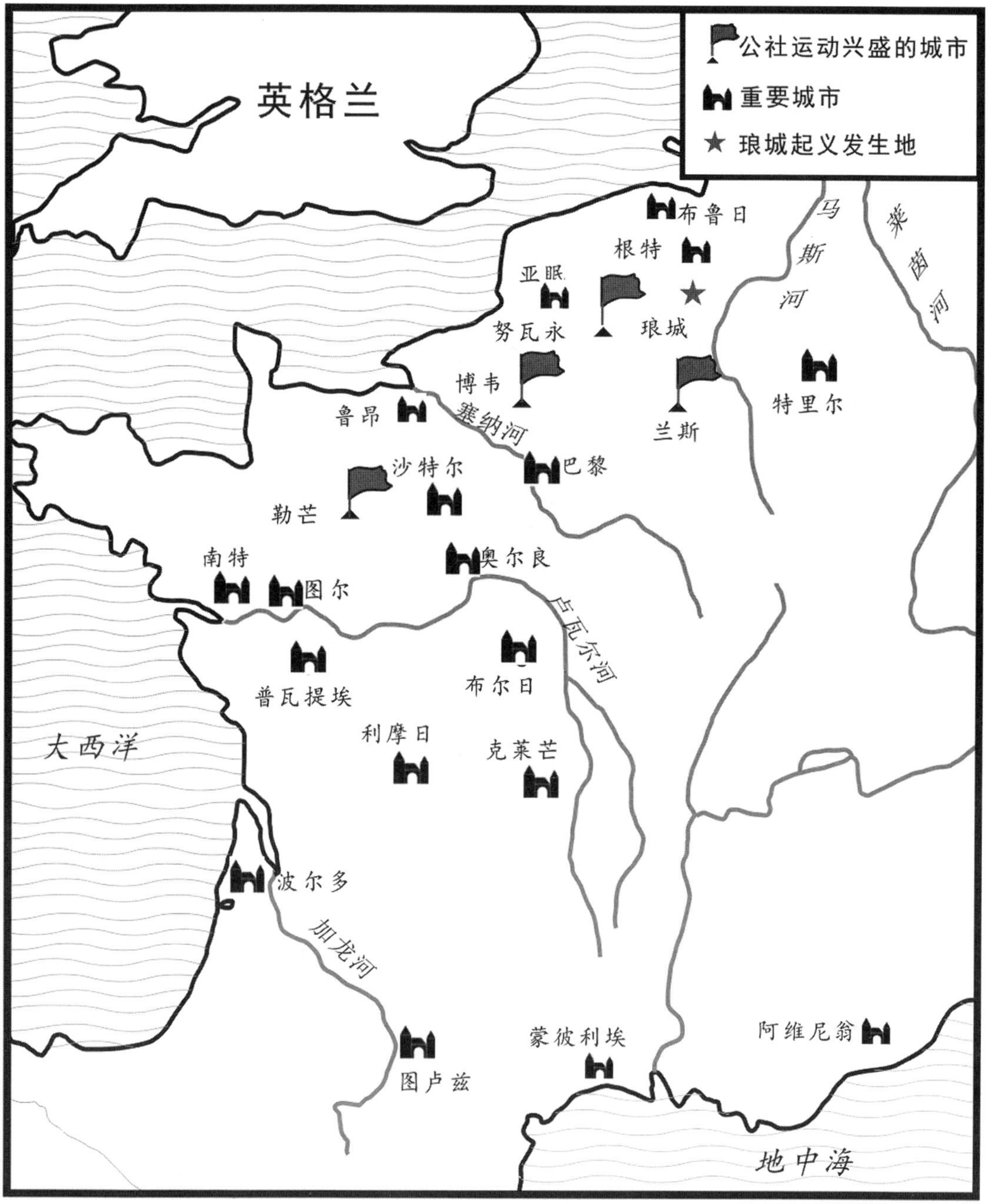

图 25　法国的自治城市（13 世纪）

25．自治城市的兴起

12、13世纪，是法国乃至欧洲城市发展最为迅速的时期，大量城市拔地而起，成为这时期法国的一道风景，许多重要的城市都有了很大程度的发展。

中世纪早期，城市主要是由主教的驻地发展而来，或是在世俗领主修建的城堡周围聚集起来的。而这时的城市，主要是被商业活动所吸引而来的居民形成或扩展，因此也带有浓重的商业气息。可以看到，这时期的重要城市基本上都位于交通要道上。如塞纳河边的巴黎，卢瓦尔河边的图尔、奥尔良，加龙河边的图卢兹，罗讷河边的里昂，等等，临海的则有北部的根特、布鲁日、鲁昂，西部和南部的波尔多、蒙彼利埃，都是处在关键位置的港口，这些城市彼此之间都有频繁的贸易往来，而繁荣的商业则进一步推动了它们的发展。

过去待在城堡里的领主们，终日虔心向上帝祈祷的主教们，面对这时期汹涌的商业大潮，再也按捺不住，纷纷开始在自己的领地上或者在教堂周围设立了集市，以此招徕顾客和游客，以及获取税收和财富。通过这种定期的集市，教俗领主也可以获得自己需要的商品，比过去要便利许多。而城市中的社会流动性也比传统的封建社会要大得多，为城市社会带来了很多变化。

最重要的就是自治公社的出现。城市中通过商业和手工业发展壮大起来的市民阶层，开始为自己的利益和自由而奔走呼号。城市最初是由领主建立起来的，生活于其中的市民虽然获得一定程度的自由，但在许多方面还受到掣肘，于是从城市领主手中夺取自治权成为这时期的重要事件。

市民们决定结成一个自治组织，称作“公社”，并要求领主给予承认和授予自治权。在法国很多城市都出现了这种组织,并掀起了声势浩大的公社运动。如勒芒、琅城、博韦、努瓦永、兰斯等城市,其中又以琅城的最为有名。琅城原本是一个主教城市,由主教作为城市的最高统治者,11 世纪末一位受到英国国王支持的主教戈德里来到这里,他的所作所为并不得民心,市民们想要建立一个自治的公社组织,遭到他的坚决反对。他还对公社进行了镇压和取缔。1112 年,市民们忍无可忍,决定发动一场暴动,在这场斗争中,主教被一群暴徒捉住并以极其残忍的方式杀害。这个事件在当时引起了很大的震动,最终法国国王路易六世出面进行干涉,在 1128 年颁布了"和平法令"特许状,准许琅城的公社享有一定程度的自治权。同琅城类似,当时许多其他城市的公社运动也都是以暴力方式进行的,如欧塞尔和韦兹莱,但也有许多是以和平的方式或者以领主和国王颁布承认公社的法令进行的,如布尔日、鲁昂、勒芒等。

公社也成为法国国王确立自己威信的工具和极力拉拢的对象。同大小领主处在对峙中的卡佩王室急需其他力量的支持,而城市公社和市民恰好成为这种第三支力量,卡佩王朝的国王给许多城市的公社都颁布了特许状,成为市民们的盟友,如路易六世就被称作"公社之父",腓力二世与城市联手打击领主(参见第 22 节),而市民则依靠国王的支持同城市领主斗争。这是一种双赢的联盟关系,促使法国王室和城市都获得了很快的发展。

26. 香槟集市——中世纪的商业革命

12、13世纪是欧洲商业大规模扩张的时期，意大利北部和西北欧的低地地区成为商业革命的两个轴心，而法国正好处在中间位置，巴黎东边的香槟地区更是成为这个中间位置的中央，以其定期的集市迎接南来北往的商人和顾客，成为富甲一方的商品集散地。

由于位于从意大利北部到低地地区和德意志到西班牙之间的两条交通要道的交叉点上，香槟集市能够轻易获得从意大利运来的东方商品，英国运来的羊毛原料，低地地区生产的呢绒等等，成为当时欧洲规模最大的国际性贸易市场。

香槟地区从事集市活动的主要是四个主要城市——普罗万、特鲁瓦、拉尼和奥布河上的巴尔。这四个城市轮流举行集市贸易，每次集市至少持续六周，而每次举行集市之间的间隔期则留给商人运输之用。举行集市的时间后来成为定制，1月份在拉尼，4月份在巴尔，5月和9月在普罗万，6月和10月在特鲁瓦。因此，香槟地区基本上全年都会有集市举行。每次集市的顺序往往是这样，集市开始的第一周由来自全欧的商人运来货物，并在城内街道上摆设货摊，然后是分别为期10天的呢绒贸易和皮革贸易，此后20天用于各种杂货的贸易，最后两周是结账时间，此前达成的交易一律在这个时候集中结账，从而避免了零散的交易，方便了货币的结算和转账。在这些集市上，擅长经营的意大利商人起到很重要的作用，他们不仅人数多，而且还将汇兑和期票等先进的金融手段带到了这里，推动着这里商品经济的发展。

由于坐落在香槟伯爵的领地上，因此集市也受到香槟伯爵的支持和保护，经过这里的商人或货物都是非常安全的，这也是使其成为全欧商业中心的有力保障。但作为回报，集市和商人需要向伯爵缴纳一定的税

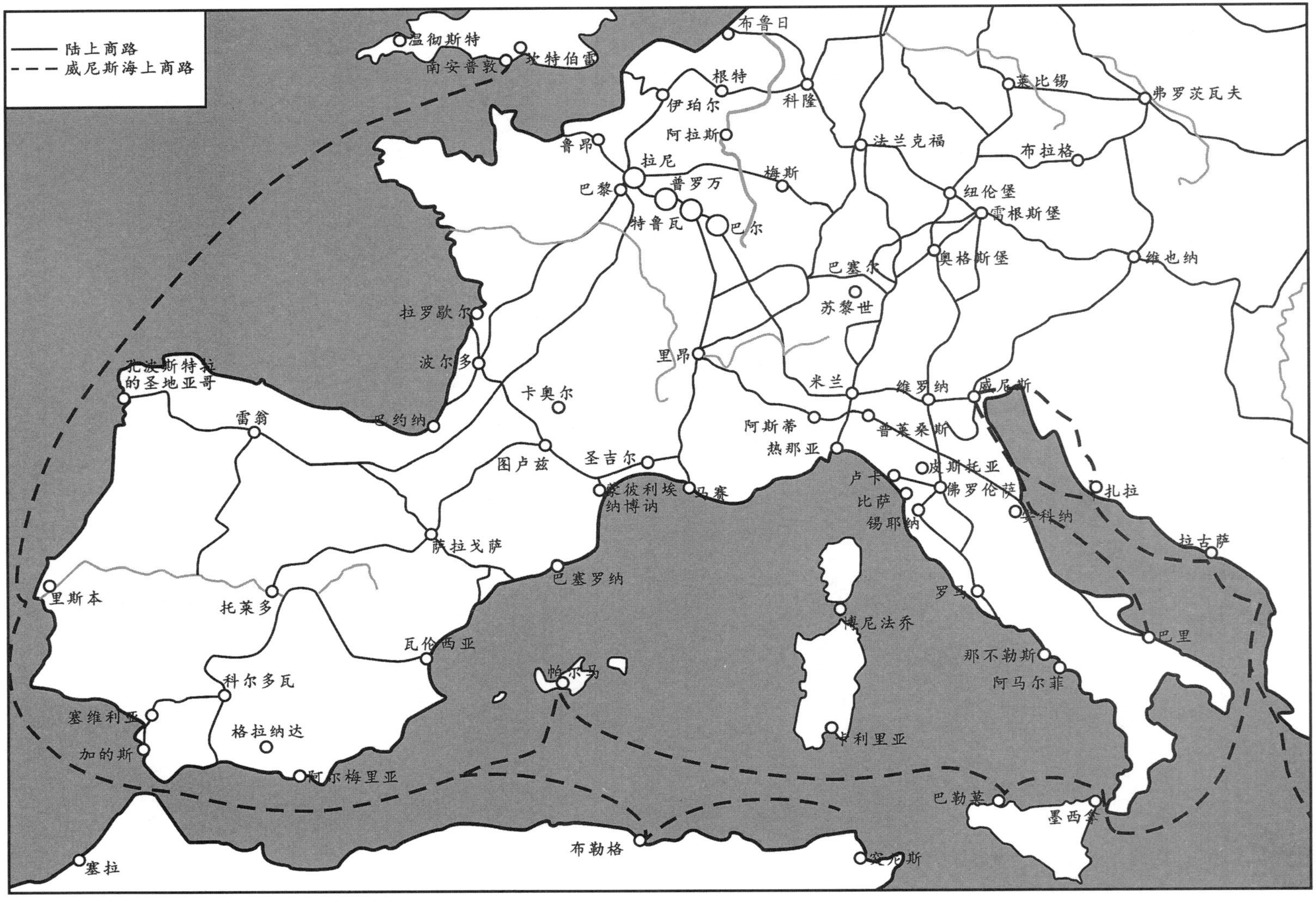

图 26　香槟集市与欧洲中世纪商路

额。香槟伯爵是中世纪中期力量很强大的领主,从 12 世纪初崛起,到 13 世纪通过联姻甚至获得了西班牙北部的纳瓦尔王国。历任香槟伯爵都是十字军东征的积极参与者,香槟伯爵利奥波德三世担任过第四次十字军东征的领袖。与经济上的强盛相匹配,香槟伯爵享有极高的地位和威望。

香槟地区经济上的发达,也带动了文化上的昌盛。这里有大量的游吟诗人,创作了大量中世纪著名的诗歌。其中最为脍炙人口的还是《亚瑟王传奇故事》,由特鲁瓦的克雷蒂安(约 1135—1183 年)创作,经过加工后成为广为流传的版本。

到 14 世纪以后,香槟集市陷入衰退,不久就蜕化成为地方性市场。这时期从意大利到低地地区布鲁日的海上航线开通,威尼斯人的海上商路兴盛,并出现了坐商经营,而欧洲内陆运输也更青睐莱茵河水道,香槟集市曾经的优势不复存在。再加上这时期法国同低地地区的战争和同英国的百年战争,都大大破坏了欧陆市场和商路。而且,还因为法国国王腓力四世这时通过联姻兼并了香槟伯国,推行严格的财政措施,收缴重额税收,扼杀了香槟集市的生命力。就这样,经历过两个世纪的繁荣之后,香槟集市和香槟伯国都从极盛走向了衰落。

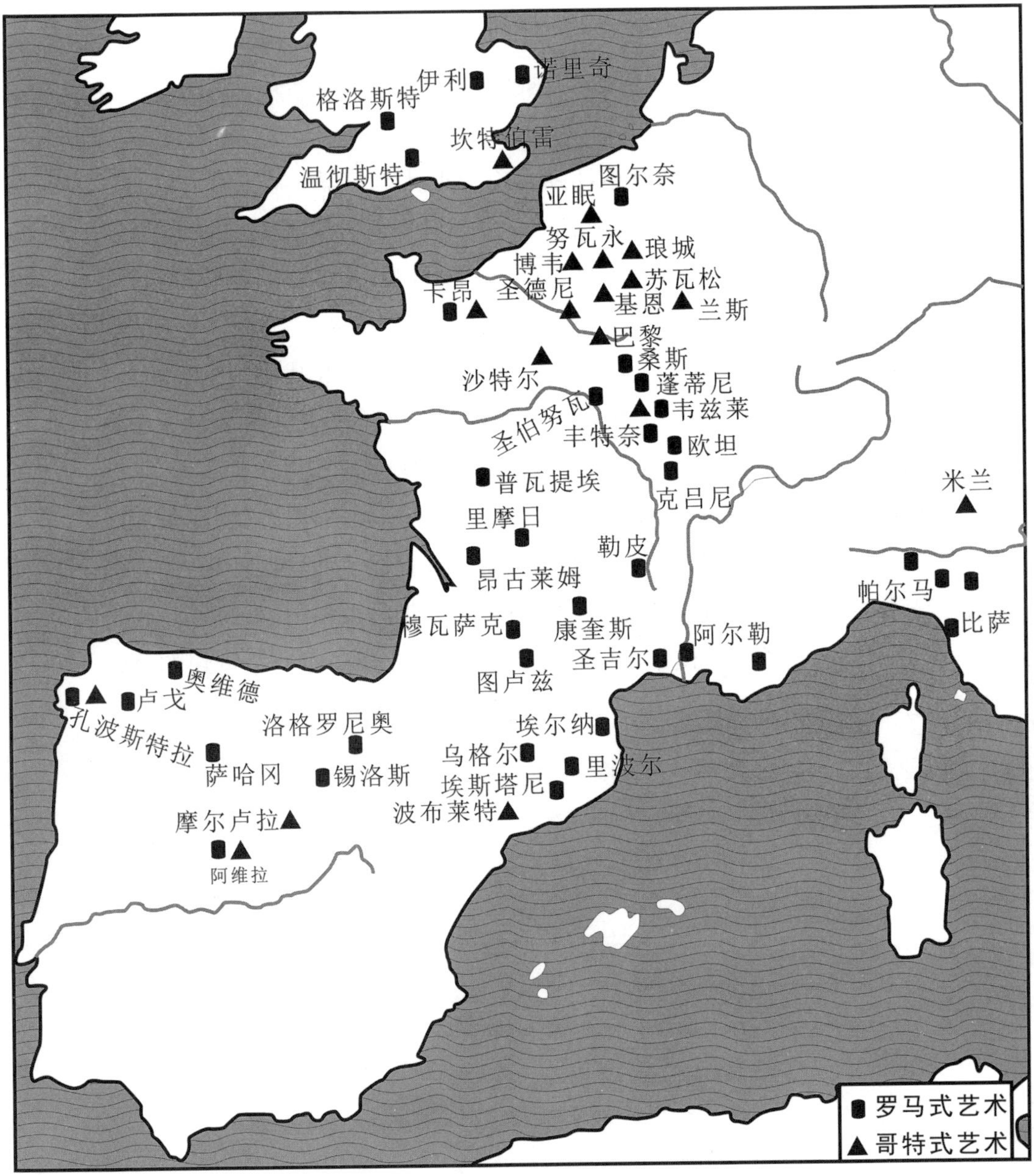

图 27　12 世纪前后欧洲的艺术

27. 哥特式大教堂

哥特式教堂可谓中世纪欧洲最有代表性的一种建筑样式，它的发源地是在中世纪的法国，11 世纪开始出现于法国的北部，此后几个世纪逐渐扩张到欧洲广大地区，广泛分布在德国西部，意大利北部和西班牙北部等地，但尤以法国达到的成就最大。

哥特式建筑风格是对之前的罗马式（也译作“罗曼式”）风格的变革。罗马式风格采用古罗马式的拱券建筑，结构方正，厚重敦实，而哥特式建筑的主要特点是增加了骨架券和飞扶壁，从而极大增加了屋顶的高度，形成拱顶，使教堂的尖顶直刺云霄。而教堂的内部也显得高旷而神秘，从而增加了人们对上帝的崇敬感。在屋顶的十字交叉处会有一座很高的尖塔，在飞扶壁和墙垛上往往也建有小的尖塔，教堂的屋顶看上去仿佛一片塔林，使得整个教堂有种向上腾跃的动感，在基督教徒看来这是种更加接近上帝和天堂的象征。

法国哥特式教堂的布局很独特，形成狭长的拉丁十字形状，东边是一个布满小礼拜堂的环廊，入口处在西边，一般由三座大门构成，门的上方由层级收缩的尖券构成，券面上刻有耶稣或圣徒的雕像。西立面往往有一对或单个的高大钟楼，平顶或者尖顶。在大门和钟楼之间还会有一个大的圆窗，称作玫瑰窗，阳光从这个彩窗射进教堂，增强了里面的光晕效果。

哥特式建筑首先在法国兴起，尤其是在法兰西岛及其周边一带，在图上我们可以看到，代表哥特式的三角形在巴黎附近特别密集。第一座真正的哥特式教堂位于巴黎北郊的圣德尼修道院，这座教堂是法国王室的墓葬地，因此体现着王室的尊严，最早的建筑革新就是从这里开始的，法国国王也想通过建筑上的发展增强自身的威信和地位。圣德尼教堂用尖券解决了提高拱顶高度带来的压力难题，还安装了彩色玻璃窗。这些技术为许多教堂所模仿。

最知名的哥特式教堂当属巴黎圣母院了，但这座屹立于巴黎市中心西岱岛上的教堂属于早期的哥特式建筑，主体部分建于 1163 至 1250 年间。这里原是罗马式建筑，到巴黎主教苏利当选后，决定按照圣德尼的风格重建这座已经破旧不堪的教堂。巴黎圣母院直到 1345 年才最终建成，围绕着这座教堂附近是众多行会，另外也有著名的索邦大学。而它崇高的声望更多还是由于雨果笔下的描写。

哥特式风格达到巅峰时期的杰作是亚眠大教堂。它的拱顶高达 43 米，长 137 米，宽 46 米，东面有七座小礼拜堂呈放射性展开。教堂中央有四根柱子和合在一起的束柱，一直通往屋顶的券肋，犹如翻腾向上的火焰一般。教堂内部更是布满玻璃花窗，遮住了墙面，看上去显得相当富丽堂皇，精致绝美。

此外，还有兰斯大教堂、沙特尔大教堂、博韦大教堂，它们与亚眠大教堂一道，堪称法国的四大哥特式教堂。

进入 14 世纪以后，法国的哥特式教堂发展就减慢了，很少再有建造，这时逐渐进入到文艺复兴时期，对于哥特式建筑的兴趣和口味也都发生了改变。

28. 金马刺战役——腓力四世与弗兰德尔伯国

弗兰德尔地区极为富裕和强盛，使其成为卡佩王朝历代国王想吞又吞不下去的烫手山芋。

腓力二世曾经娶弗兰德尔伯爵的女儿为妻，但仍然没能完全获得这块领地。为了抵制卡佩王室的扩张势头，弗兰德尔伯爵也通过联姻等外交手段扩张自己的领地，日益变得强大。这更加引起卡佩王室的嫉恨。

1300 年，腓力四世将弗兰德尔伯爵居伊扣押为人质，并指定了听命于己的人选统治弗兰德尔。对于商人和行会力量强大的弗兰德尔市民而言，他们并不喜欢法国国王的统治，而是希望保持独立自主的贸易地位。因此，1302 年 3 月 18 日，布鲁日的市民发起了暴动，他们杀死了在街上见到的所有法国人。这场大屠杀也因其发生的时间而被称作“布鲁日晨祷”，反映了对法国人深刻的仇恨。

腓力四世闻之，派阿图瓦伯爵向弗兰德尔进军以停止这里的混乱。法国军队由 8 000 多人组成，包括大量骑士、弩兵和轻步兵，这是一支典型的中世纪军队。而弗兰德尔也组成了武装，主要是由布鲁日市民组成的民兵，并且有来自郊区和根特、伊佩尔等城市市民军队的支援。这些士兵虽然都是由市民组成，但却都是装备精良、训练有素的步兵，擅长使用长矛，人数与法国军队相当。

两支军队在库特莱(荷兰语为科尔特莱克)相遇，立即展开了战斗。由于这里有众多河流和沟壑，对法国军队中的骑士构成了很大的障碍，他们没法进行强有力的冲锋。按理说，在这种情况下，应当由占优势的步兵发动进攻，但是法国骑士的骄傲和自豪使他们无法停止脚步，于是尽管条件不利，仍然勉强上阵，在沟壑河流中缓慢前行。

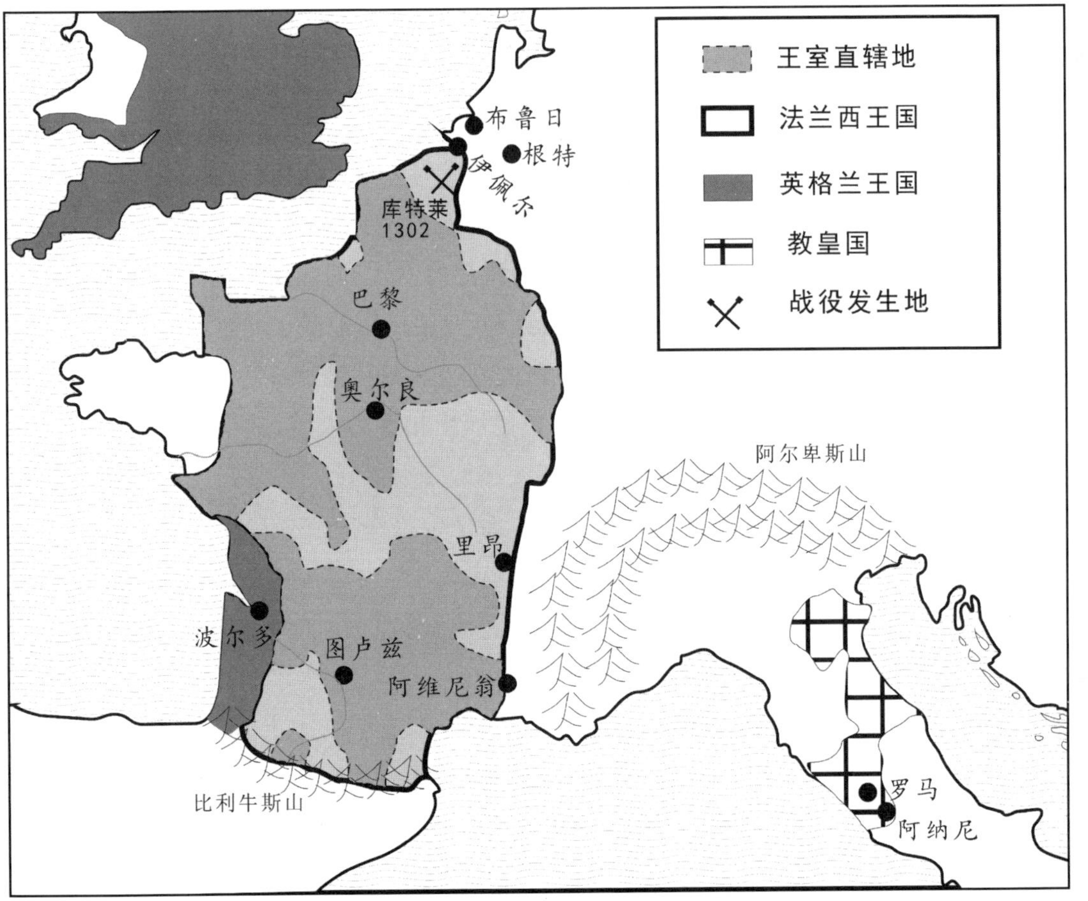

图 28　1300 年前后的法国

弗兰德尔的民兵方面却非常勇猛稳健，他们面对法国骑兵的冲锋毫不畏惧，挺起长矛将骑士拉下马，然后进行肉搏战。而骑兵一旦堕马，战斗力大大降低，成为弗兰德尔民兵的活靶子。陷入劣势后，法国军队纷纷后撤，而对于那些被活捉的法国士兵弗兰德尔人毫不留情，一律杀掉，即使对那些求饶的法国人，也都格杀勿论，理由是“我们不懂法语！”

这场战役，法国方面遭到惨败，不计其数的骑士战死沙场，甚至连最高统领阿图瓦伯爵也被杀死。可以说，这一役使法国人引以为豪的骑兵损耗殆尽，骑士阶层从此再也没有恢复元气。而法国骑士丢在战场上的无数金马刺被弗兰德尔人缴获，使这场战役获得了一个美丽的称呼：金马刺战役。这些金马刺被弗兰德尔人挂在库特莱的大教堂里以纪念这次辉煌的战绩，并作为对法国人的戏谑和嘲讽。而这场战争发生的时间也成为弗兰德尔地区的重要节日，延续至今。

同时，这也是一场步兵战胜骑兵的战例，从此，中世纪以骑士为主的军队开始向近代以步兵为主的军队转变。

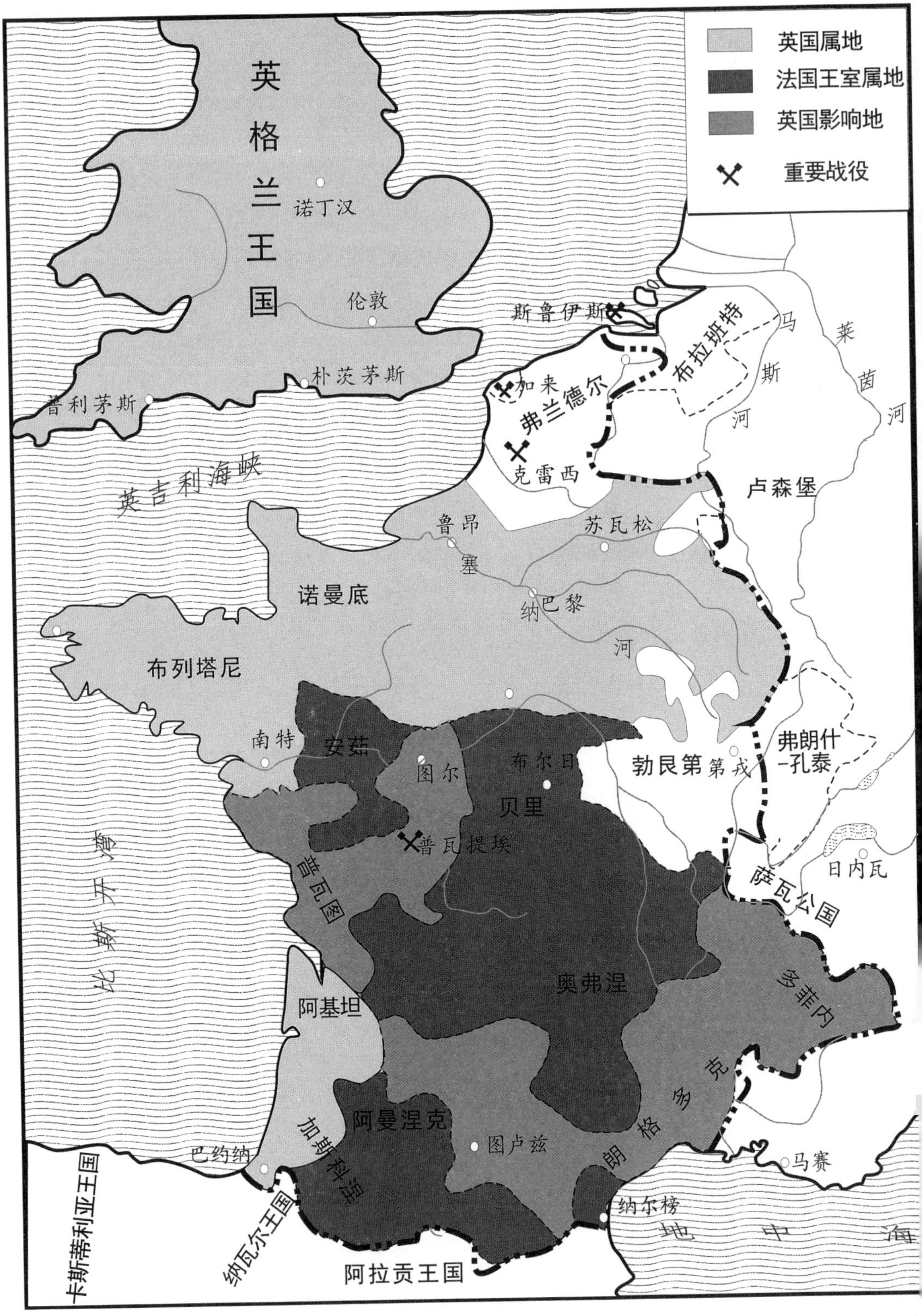

图 29　百年战争第一阶段

29. 百年战争的爆发

法国与英国的恩怨已经持续了两个世纪，从12世纪跨英吉利海峡的金雀花帝国形成，到13世纪腓力二世整合国土，英国在法国北部的领地全部失去(参见第22节)，只剩下了西南部的阿基坦和加斯科涅。腓力四世曾将加斯科涅短暂兼并，但最后不得已又归还给英国。腓力六世也被迫将这两块领地继续封给作为封臣的英王。

法国王位问题也引发了争议。1328年，法国卡佩王朝绝嗣，支脉瓦卢瓦家族的腓力六世(1328—1350)继位，开启了法国的瓦卢瓦王朝。但英王爱德华三世认为自己是法王腓力四世的外孙，也有理由继承法国王位，况且他在法国还有大片领地，完全有可能重建金雀花帝国时的辉煌。但法国根据《萨利克法典》女系不能继位的规定拒绝了他对王位的要求。

法国东北方向的弗兰德尔是法国梦寐以求的富庶之地，这里一向是英国羊毛输入欧陆的重要转口地，发达的呢绒业也使这里非常富裕，因此对于英国和法国而言这里的经济和战略地位都非常重要。前一节讲到，腓力四世在1302年曾对这里用兵，但遭到惨败。到1328年，在弗兰德尔伯爵的请求下，腓力六世又来此镇压当地城市起义，进而直接进行统治，但是不久英王爱德华三世也针锋相对地禁止英国羊毛向弗兰德尔出口，引发经济危机。

1337年，腓力六世没收英王在法国的所有封地，爱德华三世也重申对法国王位的要求，于是长达百余年的战争由此爆发(1337—1453)。

英国首先凭借其强大的海军力量侵入法国。1340年6月，在弗兰德尔近海的斯鲁伊斯，英国海军击败了数量多于自己的法国舰队，得以借道弗兰德尔进攻法国本土。但此后几年里，英军缺乏财政支持，无法继续作战。直到1346年，爱德华三世才率兵抵达法国北部海岸，接着在克雷西同法国进行会战，英国出动了1万名弓箭手和步兵，而法国方面有2万名骑士参战，结果英军以极小的损失大胜法军，法国的骑士损失惨重。英军乘胜追击，紧接着攻打北边的加来，经过长达7个月的围城战，加来最终失陷，法国这个位置极其优良的贸易港口和军事据点就这样丢给了英国人，并且一丢就是两百多年。

此后，由于黑死病肆虐，双方停战十年。1356年战端又起，这次战场转到了法国西南部。英军由英王“黑太子”爱德华领兵，还得到阿基坦和加斯科涅领地的支援，在普瓦提埃附近击溃法军，而且还俘虏了法王约翰二世(1350—1364)以及大批法国贵族。1360年，法国不得不与英国签订丧权辱国的《布雷蒂尼和约》，向英国缴纳大笔赎金，承认英国对加来的占领，并割让卢瓦尔河以南的全部领土。

至此，百年战争的第一阶段，以法国的彻底失败而告终。

30. 百年战争中后期

百年战争的第一阶段，法国受尽屈辱，法王约翰二世也被俘死在英国。1364年查理五世(1337—1381)继位，他励精图治，利用割地和约换来的时间进行骑兵改革，雇佣大量步兵，决定向英国复仇。

1369年，战争进入第二阶段，这时法军元气有所恢复，他们还改变了战术，放弃了过去的正面对决，转而以游击部队不断袭击英军。法军让英军长驱直入，然后再据守要塞，各个击破。这一战术非常有效，到1380年，法国收复了普瓦提埃、布列塔尼以及失去的大部分土地，只剩加来、布雷斯特、波尔多等港口还在英军手中。

就在法国步步紧逼，大有统一全部领土之势时，法国王室又出现了问题。查理五世的继承者查理六世幼年即位，且患有疯病，两大贵族集团勃良第派和阿曼尼克派开始争权夺利，查理六世形同傀儡。而英国也趁此良机重启战端，并与希望利用英军为自己夺取法国最高权力的勃良第派结为联盟。1415年，英军在法国北部的阿金库尔一役中以少胜多，以大量长弓手战胜了法军，紧接着重又占领整个诺曼底。勃良第派此时也控制了巴黎。

1420年，英国迫使法国签订了《特鲁瓦和约》，据此和约，查理六世之女嫁给英王亨利五世，查理六世死后将由亨利五世即法王位。可是两年后，查理六世和亨利五世却几乎同时去世，于是英王继承者亨利六世在法国北部宣布成为法国国王，而逃到南方的法王之子查理七世(1422—1461)也不肯放弃王位，于是出现了南北两个法国国王之战。

1428年10月，英军开始围攻奥尔良。奥尔良位于卢瓦尔河上，是通往法国南部的门户，彼时，整个法国北部都已经沦陷于英国统治之下，一旦奥尔良失守，法国南部将全部暴露在英军面前，那样法国就将彻底

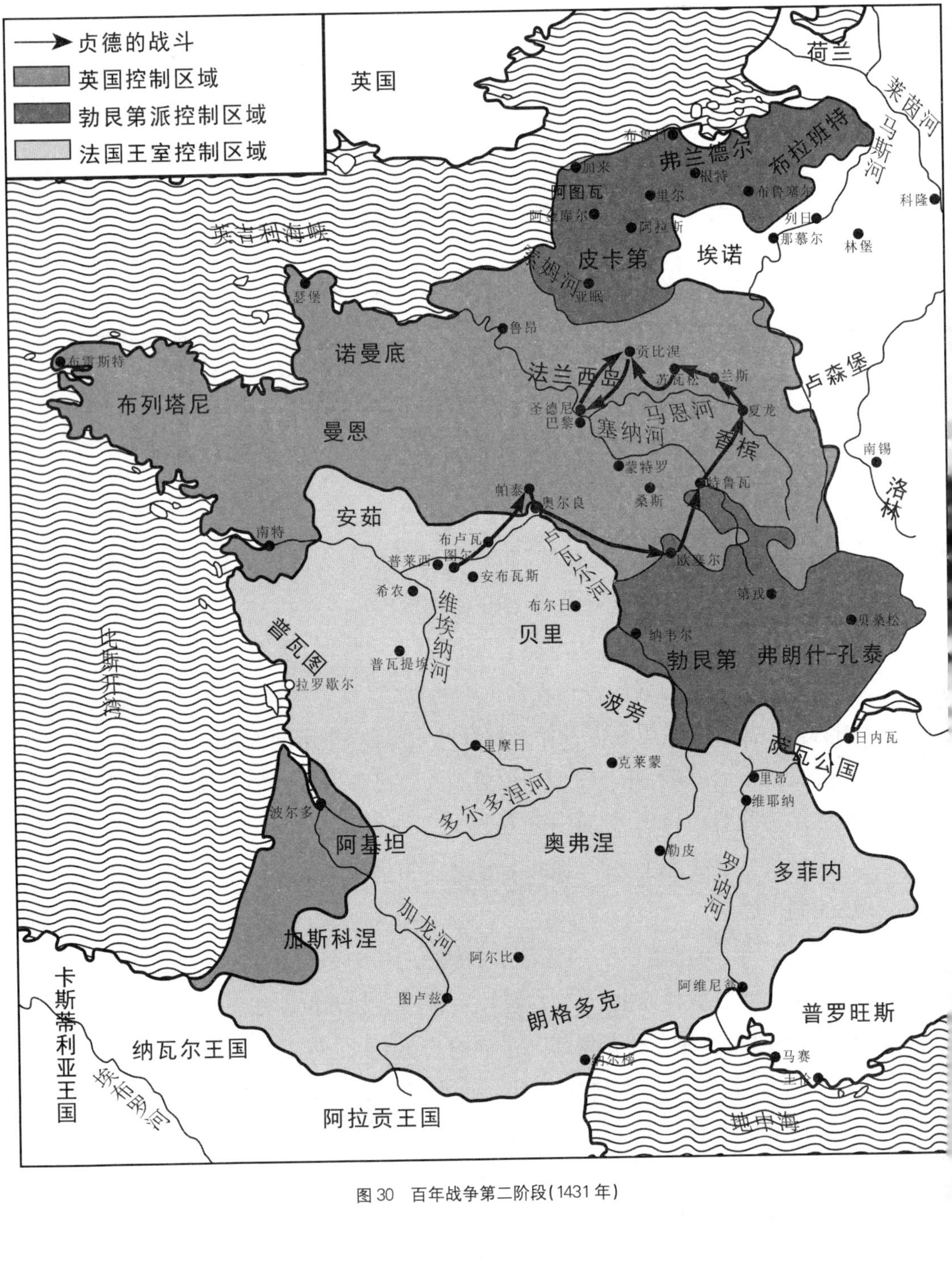

图 30　百年战争第二阶段(1431 年)

亡国。因此,奥尔良之战成为英法决战的关键。

这时候,法国出现了前所未有的民族热情和救亡运动,涌现出民族英雄贞德,她此后成为法国救亡图存和宣扬民族意识的象征。据说贞德出生于法国东部香槟和洛林的交界处,从小感受法国人民的抗英情绪,她在13岁时听到上帝对她的显圣,委派她拯救法国。1429年她面见查理七世,说服查理七世让她带兵去解救奥尔良之围。同年5月,贞德率领的军队奇迹般地战胜了围攻奥尔良的英军,并且乘胜追击,连克数城,扭转了局势。7月,法军攻下兰斯,查理七世在兰斯大教堂加冕正式成为法国国王,而贞德侍卫查理七世身边,成为法国反英斗争的代表。贞德的影响越来越大,法国的敌人深感畏惧。在勃艮第派和英军的串通勾结下,贞德被俘虏到鲁昂,作为女巫被交给宗教裁判所,最终于1431年被以异端的罪名处以火刑。

但是英军在法国显然大势已去。勃艮第派眼看不妙,急忙转而与查理七世修好,承认查理七世为法国国王,但保持索姆河及以东勃艮第领地的独立。1437年,法军北上,迅速光复了巴黎,接着攻克香槟、诺曼底等失地,1453年,波尔多的英军投降,除了加来以外法国全部被统一。至此,英法百年战争终于结束。

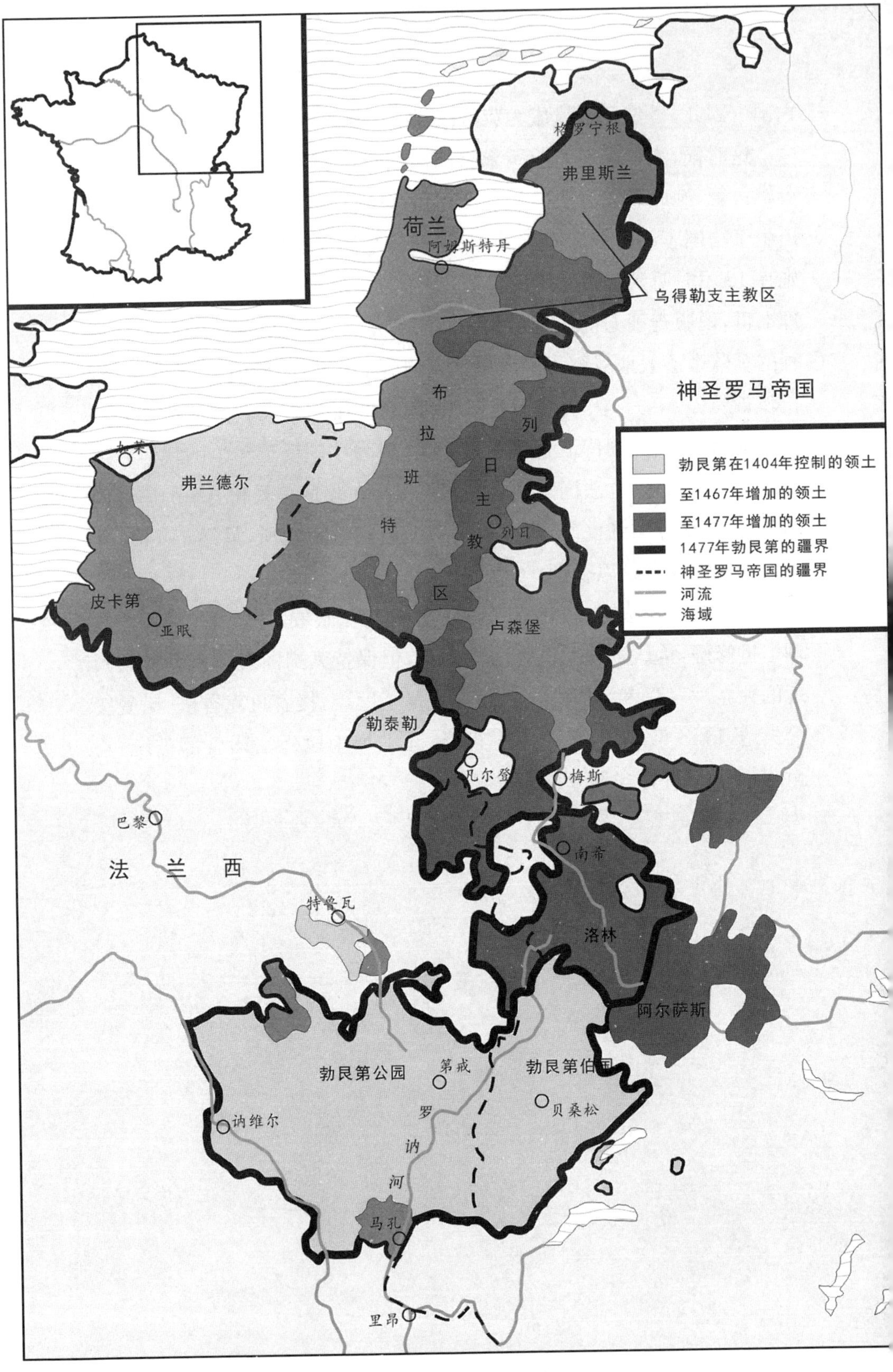

图 31　勃艮第王朝的发展历程(至 1477 年)

31. 勃艮第王朝的兴衰

瓦卢瓦王朝面临的一个重要对手和分裂势力，就是辉煌强盛至极的勃艮第公国。

第一个勃艮第国家是日耳曼民族大迁徙时由勃艮第人所建立的，以里昂为中心（参见图 4），534 年被法兰克人兼并，成为法国的一部分。到 843 年《凡尔登条约》签订，勃艮第又成为中法兰克王国的组成部分（参见图 12）。但随后它又被分成了两半，大致以罗讷河为界，河西的为勃艮第公国，以第戎为首府，以东为勃艮第伯国，以贝桑松为首府（参见图 21）。二者分别由法国和德意志神圣罗马帝国所统治。

法国对勃艮第地区始终虎视眈眈，想要对其施加更大的影响。1016 年，法国国王亨利一世将勃艮第公国封给其弟，开始了卡佩王朝对勃艮第的统治，直到 1361 年绝嗣而告终。但接着，瓦卢瓦王朝的法国国王约翰二世又将勃艮第公国封给了幼子“勇敢的”腓力（1364—1404 年在位），从而开启了勃艮第的辉煌时代。

“勇敢的”腓力及其几代子孙都有着雄心壮志，他们都怀有恢复和重建一个强大的中部王国的梦想。但是这需要辛苦细心的经营。腓力因军功获得勃艮第领地后，首先在 1368 年与弗兰德尔的女继承者玛格丽特结婚，通过联姻获得了弗兰德尔的大片领地。接着他在 1384 年通过依附德意志神圣罗马帝国而获得勃艮第伯国，成为帝国的封臣。这样一来，勃艮第成为了中立的国家，企图在法国和德国之间找到一个独立的位置。

腓力为后世打下了坚实的基础，开创了好的起点，但他仍忠于法国国王。可到他儿子“无畏的”约翰（1404—1419 年在位），孙子“善良的”腓力（1419—1467 年在位）和曾孙“大胆的”查理（1467—1477 年在位）

时,就力图摆脱法国国王的控制了,几代人在此后一个多世纪里都不断致力于扩张这个夹缝中的王国,努力摆脱对法国和德国的依附。历代公爵尤其反对法国对勃艮第的觊觎,他们认为法国王室的野心更为危险,因此始终坚决抵制法国国王对勃艮第的介入和干涉。“无畏的”约翰同奥尔良公爵争夺患病的法国国王查理六世的摄政权,并且在百年战争中也站到了法国的对立面,同英国人结盟,共同对付法国,法国人的民族英雄贞德就是被他出卖给英国人的。然而法国国王绝对不能容忍这种眼皮底下的挑衅,虽然同祖同宗,但是对于任何形式的分裂行为都视同叛变,最终刺杀了“无畏的”约翰。

此后“善良的”腓力有所收敛,他遇到了强大的法国国王路易十一,因此不得不把很多土地让给法王。但他在位时期的勃艮第宫廷也是重要的文化活动中心,腓力热心于赞助艺术,低地地区大量的艺术家都聚集在公爵府服务,留下了许多宝贵的艺术品,也有许多文学家和编年史家详细地记载了勃艮第公国时代的辉煌。

勃艮第的兴衰转折点在 1477 年的南锡之战,最后一任公爵“大胆的”查理就死于是役(参见第 32 节)。这一战最终打破了勃艮第人的独立梦想。但即使在勃艮第遭到失败以后,法国也没有得逞。法国国王本想撮合自己的继承人与勃艮第女继承者玛丽的联姻,但遭到了失败,玛丽最终与哈布斯堡王朝的马克西米安结婚,包括勃艮第和低地地区的大片领地都落入了德意志帝国的手中,法国还要等到 1678 年才能如愿以偿。

32．南锡之战与勃艮第王朝的终结

到勃艮第公国的第四任公爵“大胆的”查理在位时，勃艮第王朝已经病入膏肓了。

查理同他的父亲“善良的”腓力一样，遇到的对手都是强大的路易十一。路易十一号称“蜘蛛国王”，在位时期大力进行法国国土的统一和整合(参见第33节)。查理同其父亲不同在于，不像腓力那样热衷于赞助艺术和讲究排场，而是务实性地进行了军事改革，并于1465年同其他公爵组织“公益同盟”共同讨伐路易十一，迫使后者签订和约，路易十一甚至被查理俘虏过。但是在老谋深算的路易十一面前，查理还是难免显得稚嫩。他本以为一纸条约可以限制法国国王的扩张步伐，但是路易十一采取了挑拨离间的方式挑拨勃艮第与其他公国的关系，并且背信弃义地撕毁了和约重开战端。查理对低地城市和瑞士的战争也使他逐渐陷入四面楚歌之中，勃艮第的领地上叛乱频发。

1476年底，勃艮第公国的重要城市南锡被洛林的军队攻下，查理立即率领一万多人进行反攻。但是却发现敌人的数量远远多于他的人马，还包括受到法国支持的瑞士雇佣军。而且，路易十一还买通了查理的同盟英王爱德华四世，使其临阵退兵。然而“大胆的”查理临危不惧，积极准备同强敌决一死战。

但是多年的征战已经使勃艮第的国库捉襟见肘，同法国、瑞士及低地的连年战争也频频失败，并且招致更多的敌人。查理的军队已经不像过去那样强大而全面了，弩兵和炮兵不足，只好以长枪兵补缺，查理也不相信雇佣兵和骑士，他让骑士都下马来作为步兵进行战斗，他认为只有这样才能抵挡得住凶猛的瑞士雇佣兵。总体的布局就是弩兵和炮兵居中央，骑士改装的步兵位于侧翼，希望将敌人从两侧赶到中央，然后集中

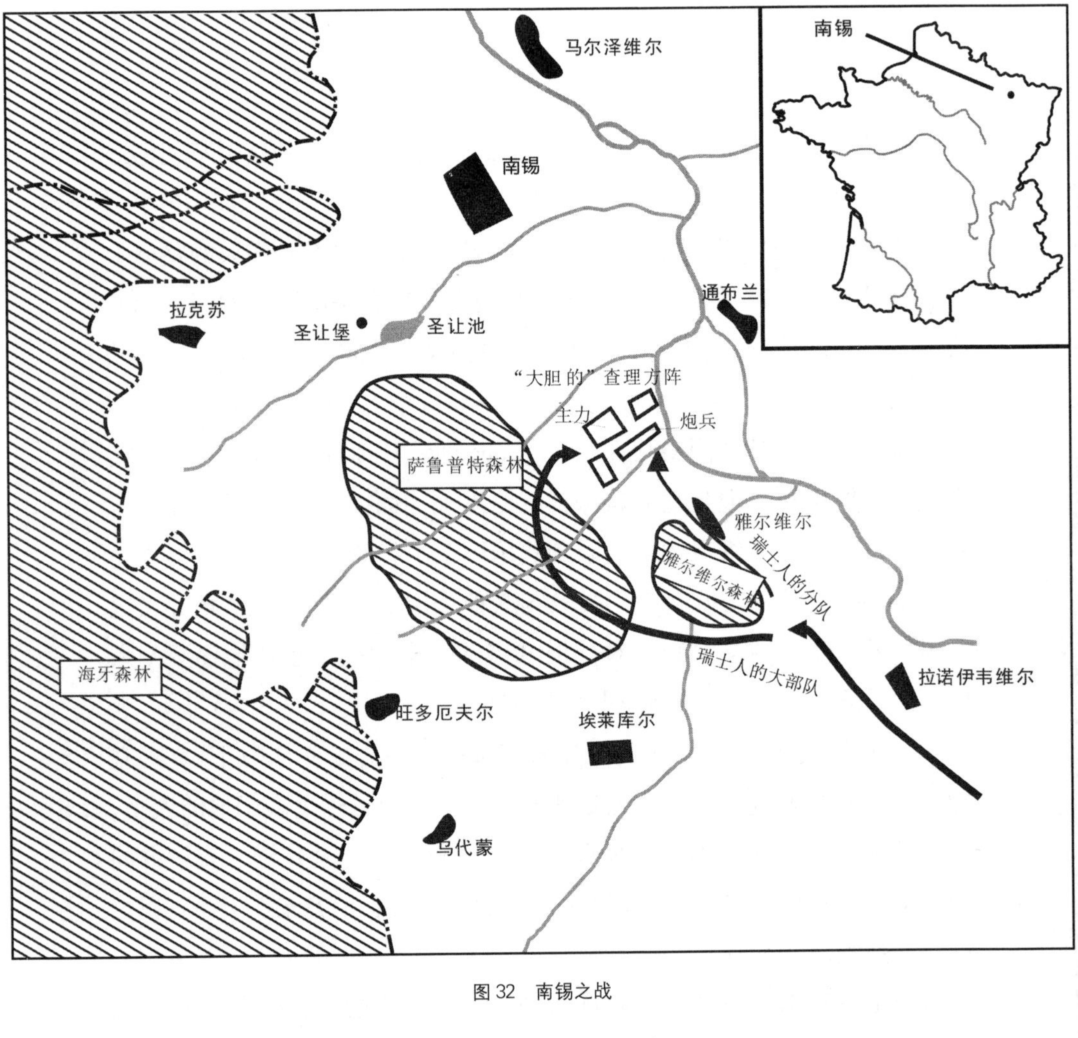

南锡
马尔泽维尔
南锡
通布兰
拉克苏
圣让堡
圣让池
“大胆的”查理方阵
主力
炮兵
萨鲁普特森林
雅尔维尔
瑞士人的分队
雅尔维尔森林
瑞士人的大部队
拉诺伊韦维尔
海牙森林
旺多厄夫尔
埃莱库尔
马代蒙

图 32　南锡之战

火力进行歼灭。

1477 年 1 月 5 日，战争开始了。查理万万没有想到，瑞士人非常狡猾地一改往常的战术，没有正面进攻，而是计划从侧翼进行迂回攻击。包括洛林士兵和瑞士士兵的一万多人过森林和雪地，突然出现在勃艮第军队左翼方的峡谷上，然后从高处发动了冲锋。面对这种局面，勃艮第人已经来不及再调动部队支援左翼了，而之前已部署好的弩和炮，射程也都达不到这里。

面对突如其来的变化，查理冷静应对，他赶紧调集部队对左翼进行支援，弩兵和炮兵迅速地转向这里，同骑士们一道同敌人展开战斗。如果仅仅是洛林士兵的话，查理还是有可能赢得战争的，但是不幸的是，他面对的是不怕死的瑞士雇佣兵。在洛林士兵选择退却之时，瑞士人仍然顽强进行战斗，面对弓弩和火炮毫不畏惧，并且勇往直前突入到勃艮第的部队中展开肉搏战，在瑞士长枪的快速进逼下，勃艮第的远距离武器也失去了作用。勃艮第最终战败。

在这场血腥的战斗中，双方死伤士兵不计其数，而在打扫战场的时候，也发现了查理的尸体，这位大胆的公爵也与他的士兵们一道战死沙场。同他一起逝去的还有他的国家，查理留下的女继承人，不久便嫁给了神圣罗马帝国皇帝，嫁妆就是整个勃艮第公国。

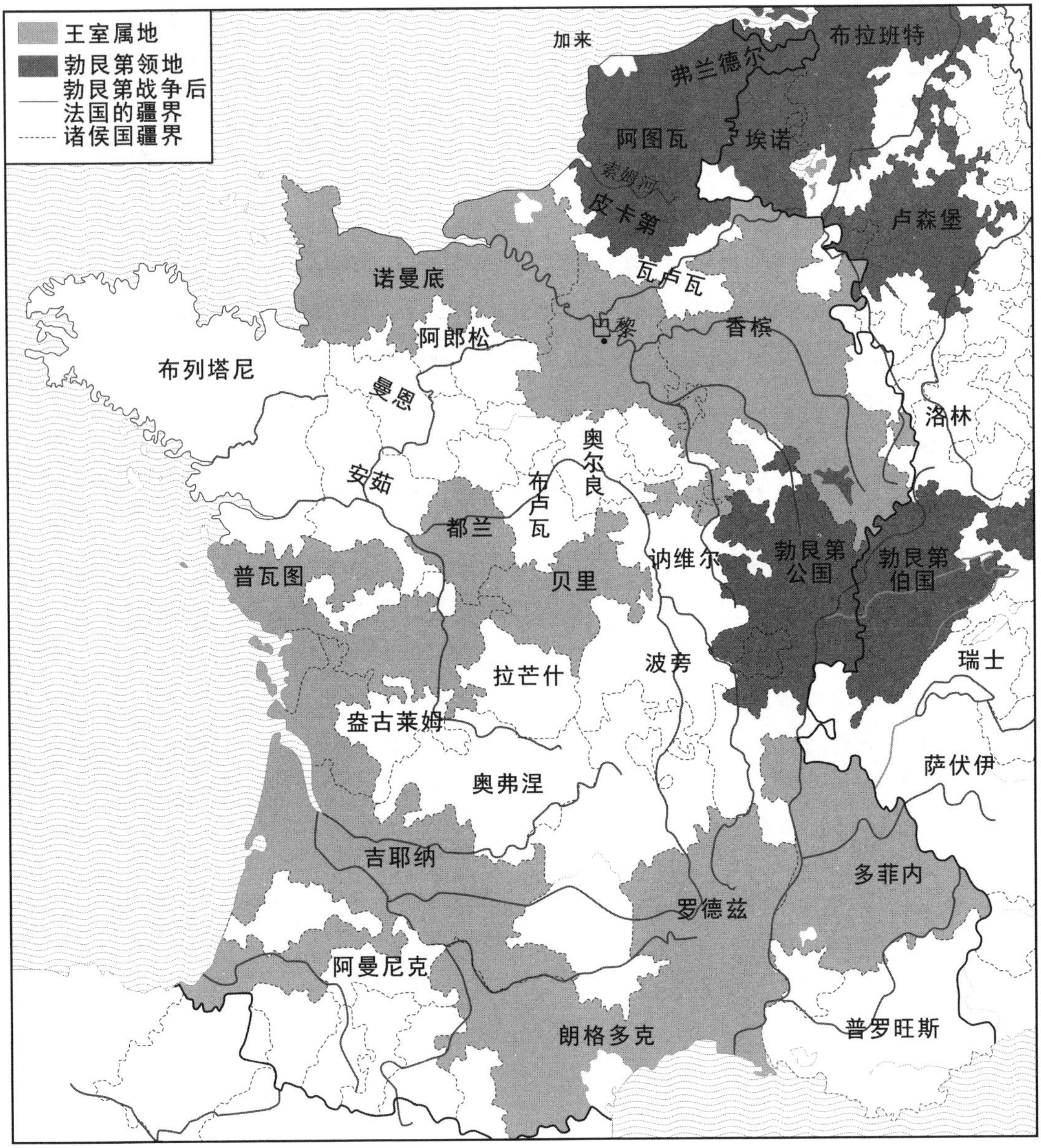

图 33　路易十一时代的法国(1477 年)

33．整合领土的“蜘蛛国王”

百年战争中，法国各地的贵族和诸侯都趁着王室衰颓而欲摆脱王室以自立。即使在百年战争结束后，各地贵族也都叛服无常，时时兴兵作乱。1461 年，路易十一(1461—1483 年在位)继任查理七世为法国国王，但是各地叛乱仍然频繁。在这种愈加混乱的局势下，路易十一决定以高压手段对付不服的诸侯。

针对路易十一加强王权的政策，在勃艮第公爵“大胆的”查理煽动和支持下，波旁公爵、贝里公爵、布列塔尼公爵等结成“公益同盟”，拥护王弟贝里公爵查理，与国王军队在巴黎南郊发生了一场战争。这场战争难分胜负，路易十一决定让步，与“公益同盟”签订了和约，将皮卡第和索姆河地区归还给勃艮第，将诺曼底让与贝里公爵。取得暂时性的妥协后，狡猾的路易十一随即撕毁和约，发兵重占诺曼底领地，战事再起。

“大胆的”查理重组“公益同盟”，这次，他联合了布列塔尼公爵和英国的爱德华四世，计划共同对法国发动进攻。路易十一担心英国入侵，于是率先进攻布列塔尼公爵，迫其脱离同盟。然后他前往勃艮第与“大胆的”查理谈判，与其签订条约，保证放弃对弗兰德尔的要求，将香槟封给王弟查理。“大胆的”查理为人光明磊落，再次相信诡诈老练的路易十一。路易十一返回后，果然立即撕毁条约，并且涉入英国内战，支持兰开斯特家族对付约克家族，由此很轻易地就瓦解了第二次“公益同盟”。

“大胆的”查理不得已又召集了第三次“公益同盟”，还拉入了阿曼尼克伯爵和阿朗松公爵。面对这个强大的联盟，路易十一再次表现了他高超的手腕。他征服了阿曼尼克伯国，逮捕了阿朗松公爵。勃艮第的同盟英王爱德华四世这时登陆加来，路易十一决定贿赂言和，并约定法国王太子娶爱德华的女儿，英王罢兵，路易十一再次轻松地解决了勃艮第的同盟。

对于“大胆的”查理，路易十一没有亲自动手，而是借刀杀人。他挑拨瑞士、洛林公国与勃艮第公国之间的关系，资助它们发动与勃艮第的战争，导致1477年“大胆的”查理在南锡战死，路易十一随后打扫战场，占领了勃艮第境内许多地方。不费一兵一卒，路易再次轻松解决勃艮第这个难题。

由于勃艮第的女继承人与神圣罗马帝国皇帝联姻，打乱了路易十一收复勃艮第所有属地的计划，但他审时度势，收回了勃艮第公国和皮卡第，后以其儿子与奥地利公主的联姻而获得了勃艮第伯国和阿图瓦。对于其他诸侯，他也自有一套计划在胸中，他将两个女儿分别嫁给波旁公爵和奥尔良公爵的继承人，换取他们的俯首帖耳，安茹伯爵死后，路易十一又夺回了安茹、曼恩和普罗旺斯等领地。除了布列塔尼公国，基本上实现了法国的统一。

有人称路易十一奸诈狡猾，也有人称其为法国领土的整合者，但是他在统一法国领土的过程中，不仅使用武力，还更多利用多种外交手段，用最小的代价达到自己的目的。从图上我们可以看到，到1477年时，他的努力已成果卓著，王室直辖领地已从若干“孤岛”连成了主体“大陆”。而其谨慎机智、纵横捭阖的行事方式则为其赢得了“蜘蛛国王”的称号。

34. 朗格多克-鲁西永——同西班牙的渊源

这块地方是法国与西班牙之间长期纠缠不清的区域，亦称北加泰罗尼亚，主要包括今天的朗格多克-鲁西永大区和南比利牛斯大区（参见图47-2）。朗格多克的意思是"说奥克语的地区"，泛指法国南部将法语"是"说成 oc 而非北方的 oui 的地区，这种法语方言与西班牙语的加泰罗尼亚方言非常相近。朗格多克和鲁西永地区曾一度同属于鲁西永伯国，其首府为佩皮尼昂。这片区域的重要城市还包括蒙彼利埃、纳尔榜、尼姆和贝济耶等。在其西面的是南比利牛斯地区，首府为图卢兹。

这里在古罗马时期属于山北高卢行省，中世纪早期先后被汪达尔人和西哥特人统治过，直到 8 世纪初被摩尔人征服，其后查理曼又将这里并入法兰克，在封建关系上属图卢兹伯爵所管辖。随着加洛林王朝的衰落瓦解，这里出现完全独立的领主，仅名义上拥戴法国国王，实际上统治着许多现属法国的领地。在 13 世纪初的阿尔比十字军运动之后，图卢兹伯国和朗格多克地区就归顺了法国王室，但其南部的鲁西永却还要颇费时日。

鲁西永地区与巴塞罗那有着千丝万缕的关系。首先要提到的是巴塞罗那伯国。这个伯国最初是加洛林王朝时查理曼南下西班牙进行征服战争时所设的西班牙边区，为法兰克王国戍守边防，首府为巴塞罗那（参见图 11）。鲁西永早在 1172 年就被其伯爵转让给了巴塞罗那伯爵。到 13 世纪，巴塞罗那出现了一位强大的伯爵，这就是海梅一世（1208—1276），他也是西班牙阿拉贡王国的国王。海梅一世是个极有野心又极有能力的统治者，他希望重新达到西哥特人的成就，建立一个跨越比利牛斯山的王国，因此不断侵蚀其国土以北属法国的领地。法国国王路易

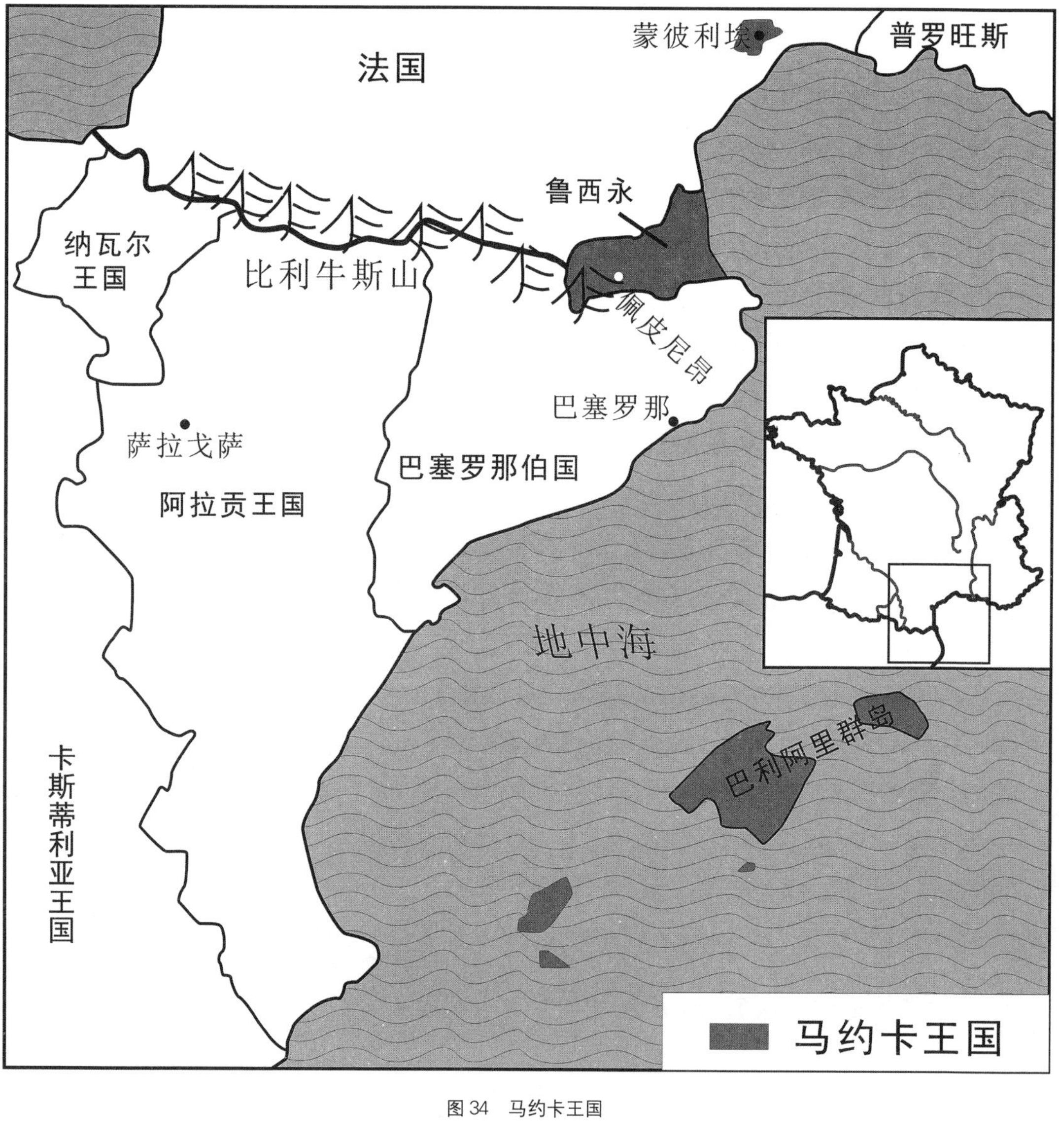
蒙彼利埃
普罗旺斯
法国
鲁西永
纳瓦尔
王国
比利牛斯山
佩皮尼昂
巴塞罗那
萨拉戈萨
巴塞罗那伯国
阿拉贡王国
地中海
巴利阿里群岛
卡斯蒂利亚王国
马约卡王国

图 34　马约卡王国

九世不得不于 1258 年同海梅一世缔结《科尔贝依条约》，商量两国边界问题。路易九世将巴塞罗那和鲁西永的宗主权拱手相让给阿拉贡国王海梅一世，以此换取海梅一世放弃对比利牛斯山以北地区的领土要求，但海梅的出生地蒙彼利埃除外。

但海梅一世最终还是在 1276 年建立了庞大的马约卡王国，以西班牙的巴利阿里群岛中的马约卡岛为中心，将佩皮尼昂作为其在大陆上的首府，势力远达比利牛斯山以北。海梅死后，马约卡王国解体，但佩皮尼昂等鲁西永领地随巴塞罗那又转到了阿拉贡王室手中，继续作为巴塞罗那王国的一部分。

直到 1463 年，法国的“蜘蛛国王”路易十一攻占了这里，将其归并进法国的领土。但这里反抗法国人统治的起义不断。而且好景不长，到 15 世纪末，为了顺利进行意大利战争，查理八世又将这里归还给了西班牙的费迪南二世。

最终，在三十年战争中，法国再次占领了这里，并且根据 1659 年的《比利牛斯和约》，路易十四同西班牙国王腓力四世之间达成协议，结束两国战争，彻底将鲁西永划给了法国。至此，法国才完全占有了这些比利牛斯山麓地区。

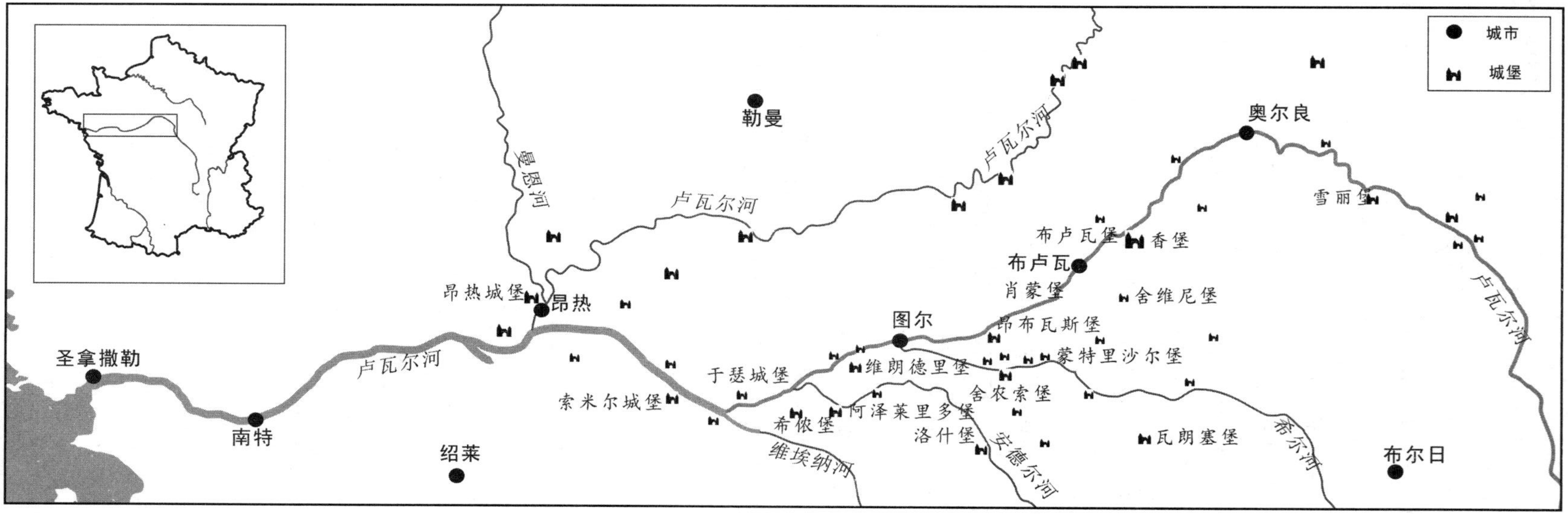

图 35　卢瓦尔河上的城堡

35. 卢瓦尔河上的城堡

当14世纪初瓦卢瓦王朝取代了卡佩王朝之后，法国国王开始将视野和兴趣从塞纳河畔的巴黎转向了卢瓦尔河谷地区，使这个充满自然风情的地区成为法国的政治和文化中心，在瓦卢瓦王朝时期，巴黎同这里相比也黯然失色，而最能点缀这个新得宠区域的特征就是大量兴建的文艺复兴风格的城堡。

卢瓦尔河位于法国中部，是法国最长的河流，两岸分布着茂密的森林和大片的葡萄园，也有许多著名城市坐落于此，如昂热、布卢瓦、南特、奥尔良、图尔等，而此间就点缀着大大小小百余座城堡。如果说卢瓦尔河被比喻成法兰西脖颈上的名贵项链，那么这些城堡就是项链上的明珠。在瓦卢瓦王朝的国王和贵族们看来，卢瓦尔河谷正如自家的庭院，在这个庭院中进行装饰成为无上的乐趣。

城堡兴建的高潮期是在16世纪，这时期意大利文艺复兴风尚流传到法国，于是在法国国王弗朗索瓦一世的支持下，大批意大利建筑师和艺术家来到法国，推动了法国的文艺复兴，而卢瓦尔河上的城堡群也正是这种潮流和时尚的结果。与中世纪战争防御用的城堡不同，这时期建造的城堡主要是用于居住和休憩之用，因此也建造得尤其浪漫迷人。

这些城堡中最大的是香堡，由国王弗朗索瓦一世所建。城堡内共有400多个房间，80多处楼梯，最为特别的是其双舷梯，两组栏杆交错而独立，据说可以避免国王的情妇与王后碰面而引起尴尬。香堡是法国传统建筑和意大利风格混合的产物，被法国人视作国宝。

昂布瓦斯城堡是文艺复兴盛期的见证，15世纪末由查理八世对这里原先的中世纪城堡进行了大规模改建，此后继任的国王对这里继续进行建设。此后半个世纪法国对意大利的远征也为法国带来了文艺复兴，许多意大利著名艺术家都被延请至此，为这里增添了浓郁的意大利风情。弗朗索瓦一世时将昂布瓦斯城堡作为政治和文化活动的中心，每年都要来此居住一段时间，而且还邀请了达芬奇来此居住了数年，成为法国国王的贵宾。

舍农索城堡堪称“水上城堡”，因为它横跨卢瓦尔河支流希尔河的河面，而两边的河岸分别建有两座大花园。很多王后、贵妇都曾在舍农索城堡居住过，如弗朗索瓦一世的情妇埃唐普公爵夫人，也有不少香艳绮丽的故事流传后世。就比如亨利二世的情妇与王后凯瑟琳·德·美第奇之间的争风吃醋。

此外还有许许多多其他蜚声远近的城堡，如布卢瓦城堡、维朗德里城堡、昂热城堡、舍维尼城堡，等等，它们都各具特色，共同点缀了卢瓦尔河谷的美丽景象。

卢瓦尔河谷的城堡在很长时期内作为法国国王和贵族的居住地，瓦卢瓦王朝的法国国王们的大部分时光也是在卢瓦尔河谷度过的。直至17世纪中叶路易十四在巴黎南郊建造了凡尔赛宫，才重又将统治中心迁回了巴黎。但是卢瓦尔河谷的风采依然不曾减少，这里孕育了许多文化名人，拉伯雷、乔治桑、普鲁斯特、巴尔扎克等都曾陶醉于斯，流连忘返，这里的城堡和美景也都能在他们的作品中见到。

36. 法国的意大利战争

“蜘蛛国王”路易十一基本整合了全国领地，摆脱了勃艮第公国带来的威胁，王权的力量和地位都大为上升。他的继承人查理八世（1483—1498 年在位）与布列塔尼公国女继承人联姻，完全保证了国内安全。此后，法国开始寻求向外扩张。这时的意大利正是欧洲列强争相掠夺的目标，法国于是也充满热情地投身其中，开始了长达 65 年的意大利战争。

早在 1480 年，路易十一就继承了安茹家族在那不勒斯的遗产。但直到查理八世时才公开宣称要求继承那不勒斯王位。米兰等公国依附法国，查理八世也通过割让土地事先获取了阿拉贡国王和神圣罗马帝国皇帝的默许，但后二者却早已对西西里和威尼斯虎视眈眈，所以等查理八世真正采取行动时，就不是那么客气了。

1494 年，查理八世率军越过阿尔卑斯山，很快穿过了米兰和佛罗伦萨，占领了那不勒斯。但是这时，教皇同神圣罗马帝国、阿拉贡、米兰和威尼斯结成联盟，击败了查理八世，迫使法军退出意大利。1498 年，查理八世郁郁而终，路易十二（1498—1515 年在位）再度攻入意大利，占领米兰和那不勒斯。他与阿拉贡国王共同夺取那不勒斯，但事后分赃时又相互打起仗来，结果法军战败。占领了米兰后，教皇唆使路易十二与威尼斯相互攻伐，当法军获胜后，教皇却在 1511 年组织起反法的“神圣同盟”，威尼斯、阿拉贡、瑞士和英国加入，共同对法作战。1512 年 4 月，法军与“神圣同盟”在拉文那发动战争，取得了胜利。但在多方面的压力下，路易十二最终没能在意大利成功立足，再次退出了意大利。

到 1515 年，弗朗索瓦一世成为法国国王。这时，他面临的是一个日趋庞大起来的哈布斯堡王朝的帝国，帝国皇帝查理五世成为多方联姻的集大成者，拥有西班牙、那不勒斯、弗朗什—孔泰、低地地区，构成了对法

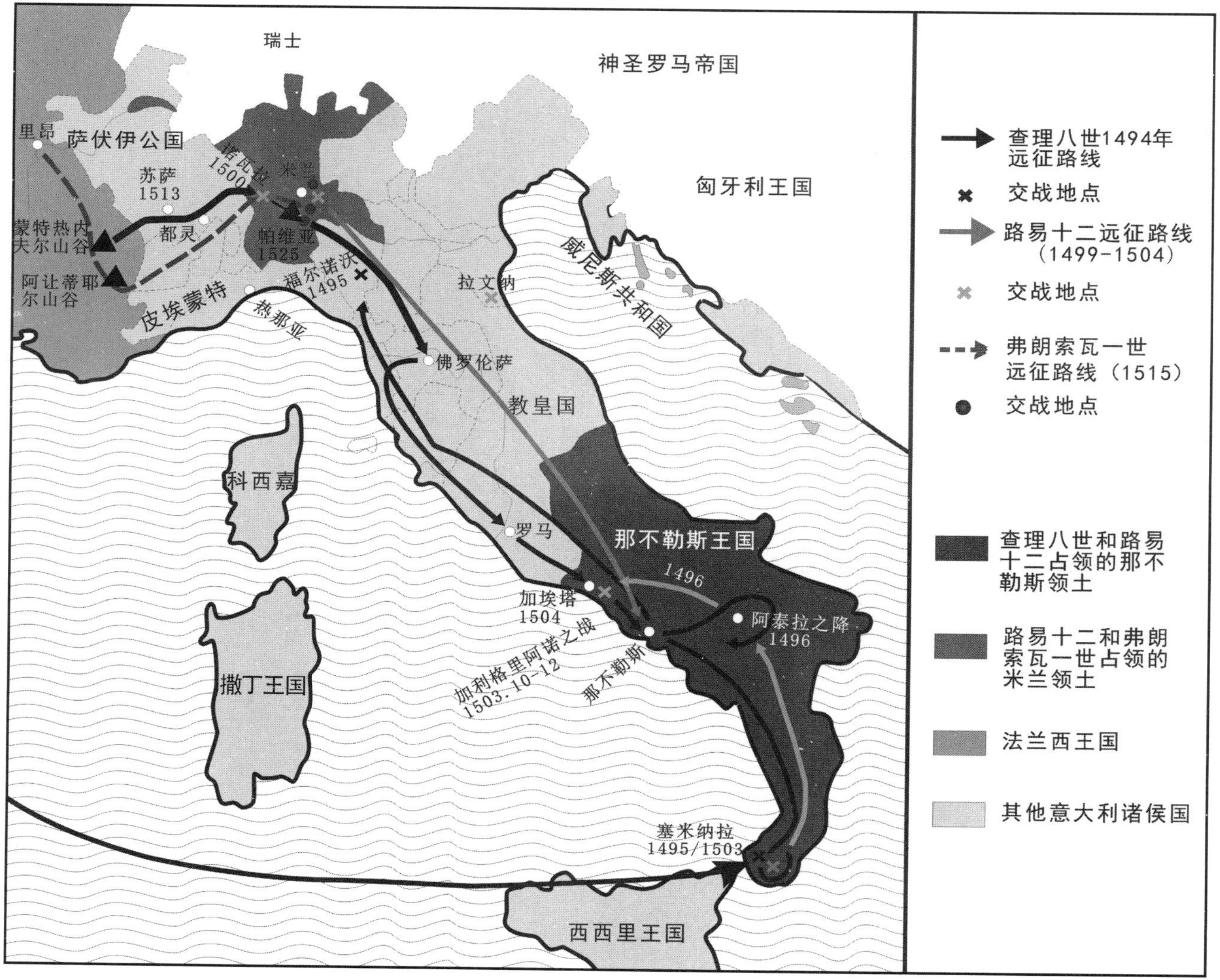

图 36　法国的意大利战争

国的包围,还对勃艮第的故地——法国的阿图瓦、皮卡第和普罗旺斯提出了要求。面对着这样一个强大的对手,弗朗索瓦一世不得不积极应战,而战场就是在意大利。

弗朗索瓦一世即位之初,法军击败米兰公爵和瑞士军队的盟军,占领米兰,同瑞士签订"永久和约"。法国同教皇也结成了同盟,并试图与英国也结成盟友。但是接下来的战局,法国进展得并不顺利,面临内外交困,弗朗索瓦一世本人也在1525年的帕维亚之战中成了查理五世的俘虏,被迫放弃了米兰、那不勒斯以及勃艮第故地。

弗朗索瓦一世随后展开了外交战。他同教皇、威尼斯、佛罗伦萨和米兰结成了同盟,并对反对查理五世的德意志新教诸侯的施马尔卡登联盟伸出援手,同时还与查理五世的死对头奥斯曼土耳其结盟,与苏丹苏莱曼二世缔结互惠条约,同时鼓动北非阿拉伯人打击西班牙的海上力量。弗朗索瓦一世终生都在谋求与哈布斯堡帝国的对抗,达到了势均力敌,但在意大利战争方面并没有太多进展。

到其继承人亨利二世(1547—1559年在位)时,意大利战争继续进行,只是战场转移到了法国东北部。1552年,法军夺取梅斯、图尔和凡尔登三个主教辖区,1558年,洛林公爵吉斯兄弟帮助国王军队战胜了帝国军队,夺得卢森堡,此外,法国还将加来夺回。

最终在1559年,亨利二世同西班牙国王腓力二世签订了《卡托-康布雷济和约》,确认了法国对三个主教辖区的占领,但须放弃对意大利的要求。从此,西班牙获得了对意大利的支配地位,而法国四代国王前仆后继的意大利战争最终失败。西班牙也将成为法国的头号敌人。

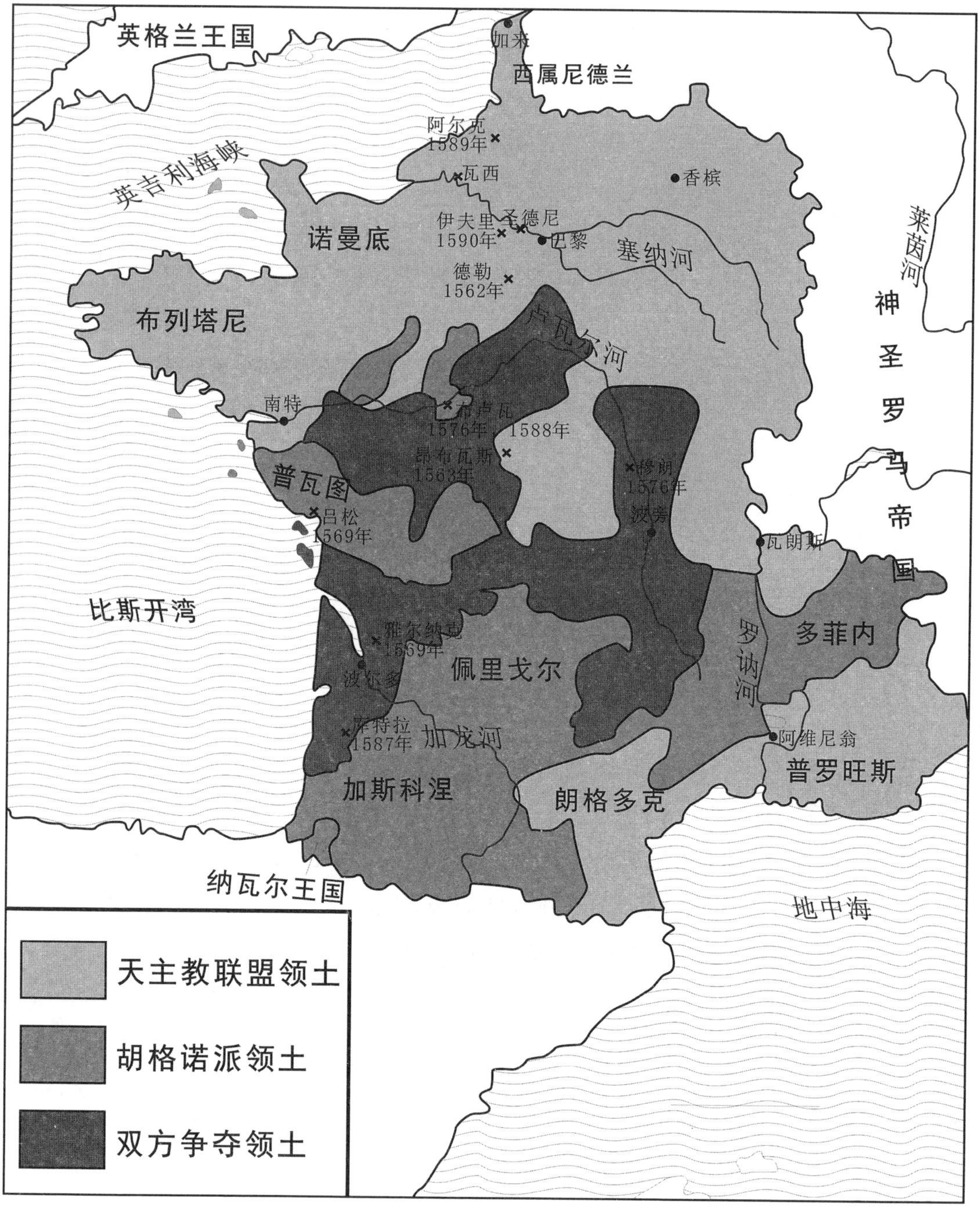

英格兰王国
加来
西属尼德兰
阿尔克
1589年
瓦西
香槟
英吉利海峡
伊夫里
1590年
圣德尼
巴黎
塞纳河
莱茵河
诺曼底
德勒
1562年
神圣罗马帝国
布列塔尼
卢瓦尔河
南特
布卢瓦
1576年、1588年
昂布瓦斯
1563年
穆朗
1576年
普瓦图
吕松
1569年
波旁
瓦朗斯
比斯开湾
雅尔纳克
1569年
罗纳河
多菲内
波尔多
佩里戈尔
库特拉
1587年
加龙河
阿维尼翁
普罗旺斯
加斯科涅
朗格多克
纳瓦尔王国
地中海
天主教联盟领土
胡格诺派领土
双方争夺领土

图 37　胡格诺战争

37．胡格诺战争

16 世纪是欧洲发生宗教改革的重要时期，在德国有以马丁·路德为首的新教派，法国也出现了信仰加尔文宗的新教徒，称作胡格诺教徒。在法国，宗教改革是以战争的形式进行的，在 16 世纪的后 30 年里，连续出现了八次新教与天主教之间的战争，亦称胡格诺战争。

从 16 世纪 40 年代开始，在法国南部出现和传播起加尔文宗，很多南部的大领主和贵族都信仰这一新教，他们与法国北部以天主教信仰为主的贵族有着深刻的矛盾。而这个矛盾又围绕着王权展开，瓦卢瓦王朝的亲戚吉斯家族形成围绕在国王周围的天主教阵营，趁着这时期王权孱弱，擅权朝野，另一阵营是由南部信仰加尔文宗的波旁家族构成，主要由孔代亲王、纳瓦尔国王亨利和科利尼海军上将领导，有时国王为了摆脱吉斯家族的控制，也着力扶持胡格诺派教徒。两派之间的矛盾最终以内战爆发出来。

战争的导火索是 1562 年吉斯公爵在瓦西镇对正在进行加尔文宗仪式的新教徒的屠杀。在此后一年里，发生了数次战争，双方各有胜负，吉斯公爵被暗杀，孔代亲王也被俘虏，到第二年，法国太后凯瑟琳·德·美第奇颁布昂布瓦斯敕令，宣布给予新教徒一定程度的信仰自由。

1567 年，战事再起。孔代和科利尼包围巴黎，于年底在巴黎北郊的圣德尼与天主教军队发生战役，由于得到德意志新教诸侯的支援而取得胜利，于次年签订条约重申昂布瓦斯敕令。

1568 年，国王查理九世受吉斯家族压力宣布取消宗教宽容，驱逐新教徒，并逮捕了孔代亲王和海军上将科利尼。次年的雅尔纳克战役和蒙孔图尔战役中，新教徒都被打败。但随后凯瑟琳太后颁布了圣日耳曼敕令，给予新教徒一定的宗教自由。为了与新教徒媾和，太后决定将自己的女儿玛戈嫁给新教徒的领袖纳瓦尔的亨利。

1572年8月23日夜里，新教徒的首领齐聚巴黎，庆祝亨利的婚礼。但就在这时，吉斯家族以巴黎教堂钟声为号令，对新教徒发动突然袭击，杀死新教徒2 000余人。次日正是圣巴托罗缪节，因此这一晚的血腥事件也被称作“圣巴托罗缪大屠杀”。由于这次屠杀，新教徒与天主教徒彻底决裂，在南部和西部组成了独立国家同巴黎对抗。

1575年，从巴黎逃亡出来的孔代和亨利领导新教徒发动起义，为圣巴托罗缪之夜复仇。次年，国王亨利三世颁布敕令，谴责对新教徒的大屠杀，同意除巴黎以外所有法国城市都可以举行新教仪式，还给予新教徒进入政界的权利，并承认新教徒所占领的8座城市享有自治权。这道敕令引起了天主教徒的极大不满。吉斯家族随即组织了天主教神圣同盟，要求恢复法国的天主教一统局面。经过战争，两派再次缔结和约，同意解散天主教同盟，但大大减少了新教徒的宗教特权。

1585年开始进入宗教战争的高潮阶段，出现了三亨利之战，分别为国王亨利三世、吉斯公爵亨利和纳瓦尔的亨利。吉斯家族得到西班牙国王腓力二世的支持，重组天主教同盟，而新教徒也得到了英国和德意志新教势力的援助。双方各有胜负。但就在这时，吉斯公爵进军巴黎，将国王亨利三世赶出了巴黎，亨利三世对其深恶痛绝，于是派人暗杀了吉斯公爵兄弟，并与纳瓦尔的亨利结盟。不久，亨利三世遇刺身亡，纳瓦尔的亨利成为最后的胜利者，因亨利三世的遗嘱而继位为国王，即亨利四世。1593年，为了进入天主教势力强大的巴黎，亨利四世改信了天主教，从而以一场弥撒换取了王位。

亨利四世在1598年颁布南特敕令，宣布天主教为国教，但新教徒在全法国享有信仰自由等权利，至此，持续30多年的宗教战争宣告结束。

38．黎塞留的拉罗歇尔之战

波旁王朝的开国君主亨利四世于 1598 年颁布了宗教宽容的南特敕令，结束了法国国内宗教战争，规定法国为天主教国家，但给予新教徒一定的自由和权利，可在拉罗歇尔、蒙彼利埃、鲁瓦永、尼姆、布里昂松、苏瓦松、第戎等一百多座城市有财政和军事自治权。这样就在法国境内建立了一系列的"国中之国"，虽然换得了和平，但也埋下了不和的种子。进入 17 世纪以后，宗教战争重又燃起。

1610 年，亨利四世被刺英年早逝，其子路易十三继位，因为年幼，由太后美第奇的玛丽摄政，随之而来的意大利权臣专擅朝政，法国贵族孔代亲王、吉斯公爵等非常不满，要求恢复贵族特权，并在各地煽动叛乱。这时崭露头角的新人黎塞留主教受到了重用，他以非常灵活的手腕清除了宫中的权臣，并得到路易十三的赏识，在 1624 年成为首相，开始了长达 18 年的执政生涯。

黎塞留执政之初，正值新教徒活动极其频繁的时期。这些新教徒借助南特敕令给予的各种特权，打着共和的旗帜、学习德意志地区的新教诸侯实行地方割据，在其辖区内新教势力发展非常迅猛。新教徒甚至还要求自己的代表进入中央权力机构，并在各地发动一系列武装叛乱。面对这种大胆的挑衅，黎塞留决定毫不留情地予以迎头痛击。

在黎塞留的建议下，他于 1627 年同路易十三一道领兵前往新教徒的重镇拉罗歇尔进行征讨。拉罗歇尔是法国位于大西洋岸边的重要港口，通过海路与英国和荷兰有密切往来，这里的新教徒也多与英荷相通，因此被黎塞留视作眼中钉肉中刺。在闻讯法王亲征的消息后，英军就在白金汉公爵指挥下逼近拉罗歇尔，准备给予法国新教徒援助。黎塞留首先将英国海军逐走，为了阻止英国舰队再度前来驰援拉罗歇尔，命令在

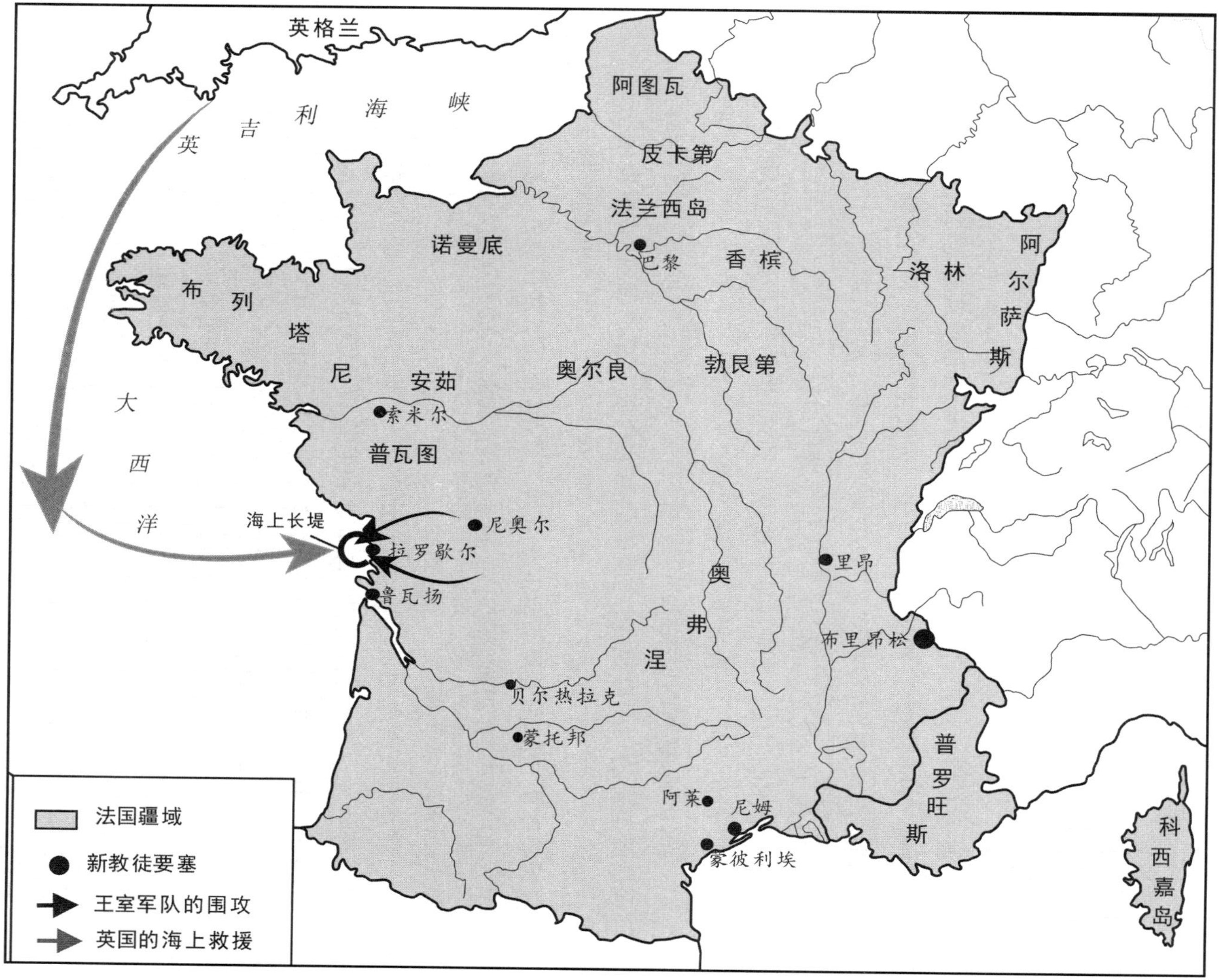
英格兰
英吉利海峡
阿图瓦
皮卡第
法兰西岛
巴黎
香槟
诺曼底
洛林
阿尔萨斯
布列塔尼
安茹
奥尔良
勃艮第
索米尔
普瓦图
大西洋
海上长堤
尼奥尔
拉罗歇尔
鲁瓦扬
里昂
奥弗涅
布里昂松
贝尔热拉克
蒙托邦
普罗旺斯
阿莱
尼姆
蒙彼利埃
科西嘉岛
法国疆域
新教徒要塞
王室军队的围攻
英国的海上救援

图 38　拉罗歇尔之战

城外的海面上建筑一道很长的围堤，使英国的船只无法靠近。完成了包围的部署后，黎塞留就开始了围城战。

拉罗歇尔早在1573年巴托罗缪大屠杀之后就曾经受围城战，时隔半个世纪之后，这次重又开启了类似的战斗，只是这次更为残酷、更为血腥。1627年年底长堤修好之后，围城战就开始了。王军在国王和黎塞留的指挥下全面封锁拉罗歇尔的进出和补给供应，四面被包围的新教徒在城中苦苦支撑，没有等来任何援军，但在这种极为不利的情况下，仍然坚持了足足一年之久。到1628年的年底，新教徒迫于饥馑、死亡和瘟疫，终于向国王打开了拉罗歇尔的城门。至此，新教徒的这一根据地和大本营彻底失去。

黎塞留对于法国南部其他地区和城市新教徒的反叛，也都给予痛击，逐一平定。新教徒被逼无奈，转向与西班牙国王结盟，但仍未能挽救局势，遭到了法国国王的抛弃。在黎塞留的建议下，路易十三放弃了他父亲所担任的新教徒领袖的身份，而是以君主和胜利者的身份同新教徒进行谈判，在1629年签订《阿莱斯和约》，仍然承认南特敕令，但是要求拆毁新教徒的所有要塞，解散所有军队。

拉罗歇尔的清除，为法国国王去掉了心头之患，也大大增强了国王的权威。到1685年，路易十四更进一步废除了南特敕令，从此，新教徒在法国更无容身之地，纷纷流亡国外。

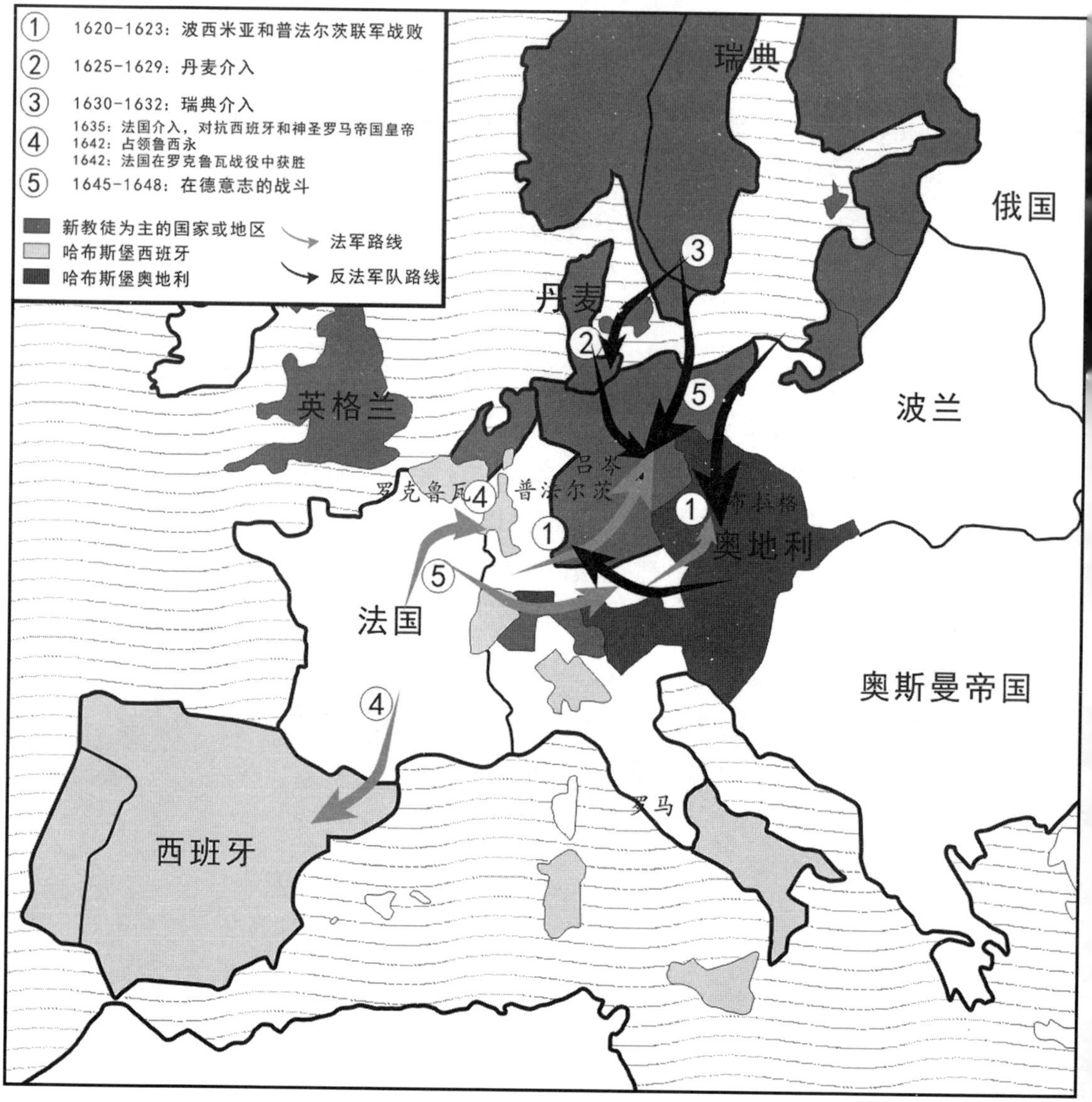
① 1620-1623：波西米亚和普法尔茨联军战败
② 1625-1629：丹麦介入
③ 1630-1632：瑞典介入
④ 1635：法国介入，对抗西班牙和神圣罗马帝国皇帝
1642：占领鲁西永
1642：法国在罗克鲁瓦战役中获胜
⑤ 1645-1648：在德意志的战斗
新教徒为主的国家或地区
哈布斯堡西班牙
哈布斯堡奥地利
法军路线
反法军队路线
瑞典
俄国
丹麦
英格兰
波兰
吕岑
罗克鲁瓦
普法尔茨
布拉格
奥地利
法国
奥斯曼帝国
罗马
西班牙

图 39　三十年战争

39. 罗克鲁瓦战役——三十年战争中的法国战场

17 世纪爆发了全欧范围的“世界大战”，战争是由德意志的宗教改革引发。德意志的路德宗新教获得合法地位后，势力不断增强，并于 17 世纪初建立了新教同盟，得到英、法、荷的支持。这引起天主教徒的强烈不满，他们以同为哈布斯堡家族的奥地利神圣罗马帝国皇帝和西班牙国王为首，与新教徒的对抗不断加剧。最终，1618 年以哈布斯堡家族的亲戚费迪南继任波西米亚国王为导火线，天主教徒同新教徒的冲突引发了三十年战争。

北方的新兴强国丹麦和瑞典是新教国家，支持德意志的新教徒，而法国这个天主教国家却因为想要抵制哈布斯堡王朝的霸权，也站在了新教徒的一方。费迪南不久又继位为神圣罗马帝国皇帝，同西班牙一道残酷镇压波西米亚的新教徒。丹麦和瑞典介入，但是先后失败，哈布斯堡家族的实力反而愈加强大。这样便对法国构成了犄角之势，于是法国再也按捺不住，为了破除来自东边和南边的威胁，决定从幕后走到前台，公开与哈布斯堡家族对抗。

法国先是与荷兰、瑞典结盟，然后于 1635 年向奥地利和西班牙宣战。最初战争主要在德意志境内进行，但此后法国的东边和南边边境先后被突破，奥地利和西班牙的军队居然突进法国，甚至攻打到巴黎附近。对于法国来说，已经到了生死存亡之际了。

但就在这时，战事发生了转折。法国支持下的葡萄牙发动起义，牵扯了西班牙的力量，而荷兰的舰队也破天荒地战胜了西班牙的无敌舰队。在东边，瑞典在莱比锡战役中击败了德意志军队。在这一有利形势下，法西之间的罗克鲁瓦战役展开了。

1643年5月18日，西班牙从低地地区调兵遣将前往法国作战。西班牙无往不胜的低地军团主要以步兵长枪方阵为主，被誉为“步兵之花”，近2.8万人，30门火炮，在向巴黎进军的途中围攻罗克鲁瓦要塞，将在这里与孔代亲王元帅指挥的法军对阵。法军将近2.3万人，12门火炮，特地赶往这里解围。

罗克鲁瓦四面都是森林，只有一条小道供通行。西班牙军队将领德梅洛将军自恃军力较强，任由法军穿过小道，进入罗克鲁瓦安营扎寨，决定在此空地上一举歼灭法军，使对方无法有效撤退。殊不知，这一算计却没能奏效。次日，双方以炮兵互射开始了战役，双方骑兵也互有胜负，但直到黄昏都还处在僵持阶段。西班牙虽然最后只剩下了步兵方阵，但配合中央的火炮仍然能够顽强坚持。孔代大胆地决定派骑兵从后方偷袭敌人，同时以强大的火炮轰击西班牙方阵。最终，西班牙的步兵军团被歼灭，主帅也阵亡，西班牙士兵在森林空地中无法有效撤退，成为法军的活靶子，死伤惨重。

这是一场伟大的战役，欧陆的霸主西班牙的“步兵之花”被摧毁，随之而去的是西班牙的霸权，新兴的法国称霸欧洲的时代也即将宣告到来。

在法国、瑞典和荷兰的接连胜利下，德意志天主教诸侯已无力再战，尤其是当西班牙的支持被瓦解掉以后，奥地利的哈布斯堡王室也没法再单独进行这场已经拖了太久的战争。1648年，法军击溃西班牙和奥地利联军，瑞典也攻入布拉格，三十年战争至此画上了句号。

40. 三十年战争后的法西对决

罗克鲁瓦之战只是三十年战争中法西对决的一部分，欧陆的这两个主要对手即使在1648年三十年战争结束之后仍然耽于战事。16、17世纪法国在欧陆的主要敌人是哈布斯堡王朝，后者从三个方向对法国构成了严重威胁：北边依附西班牙的低地地区，东边依附奥地利的弗朗什-孔泰，以及南边的西班牙。因此，整个17世纪法国的目标都直指这三处地区。

1643年法国在罗克鲁瓦战役中战胜了西班牙的"步兵之花"，此后直至1648年缔结《威斯特伐利亚和约》，法国逐渐迫使西班牙退出低地地区，同时也兼并了阿尔萨斯的大片领土。但是这只是在低地地区战胜了西班牙，还需要进一步打击西班牙，以确立法国的霸主地位。

这一时期的法西对决也可以看作是三十年战争的延续，并且是跟法国的内战投石党战争密切联系在一起的。法国国内主要是由红衣主教马扎然和年幼国王路易十四的母亲安娜太后执政，引起许多贵族的不满。他们从1648年开始组织起投石党反对马扎然的擅权专政。而三十年战争中功勋卓著的两大元帅——蒂雷纳子爵和孔代亲王最初都是投石党的领袖。

当投石党战争开始后，孔代亲王被马扎然逮捕入狱，而蒂雷纳则逃往荷兰，取得法国的对手西班牙的支持，带领西班牙军队进攻法国，但被法军挫败。不过，1651年，马扎然宣布退隐，孔代亲王被释放，蒂雷纳也回到了法国，第一次投石党战争结束。

但是不久，内战重又爆发，这次孔代亲王站到了投石党的一边进攻巴黎，迫使国王和太后逃离巴黎，而且孔代还投入西班牙的阵营。蒂雷纳却摇身一变，成为王室的支持者，与孔代及其盟友西班牙人作战。这

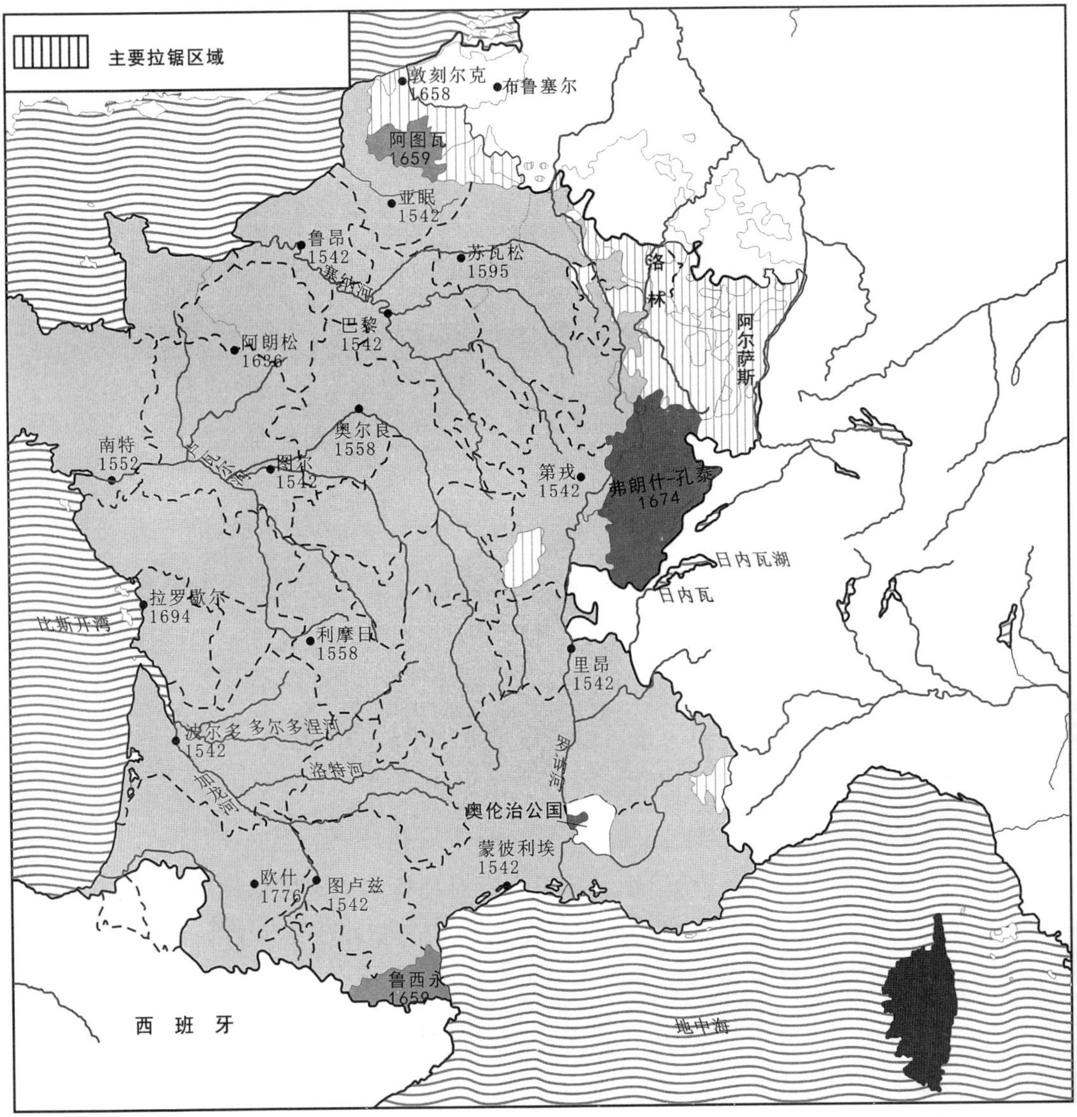

图 40 法西对决(16—17 世纪下半叶)

两个在三十年战争中并肩作战的朋友至此成为战场上的敌人，双方在巴黎城外持续了很久的拉锯战。这阶段最重要的战役是 1654 年夏天的阿拉斯之役，蒂雷纳在阿拉斯要塞抵抗孔代率领的西班牙军队的进攻，并且得到另一支法军兵力的驰援。双方决定夜袭孔代军驻地，大败对方阵营，但孔代很快反应过来，立即整顿军队进行反攻，击溃其中一支法军。蒂雷纳稳住阵脚，与此时来援的第三支法军共同围攻孔代，导致孔代的西班牙军死伤损失惨重。

此后还有几次对垒战。但是西班牙委任了国王腓力四世的私生子唐胡安为正统帅，而孔代为副，这一来，极大掣肘了孔代的作为。1658 年的敦刻尔克会战最终决定了胜负。蒂雷纳率英法联军围攻敦刻尔克要塞，驻兵布鲁塞尔的唐胡安前去解围，但是没有听从孔代的苦谏，坚持会战。最终蒂雷纳发现敌方突破口，在英国军舰炮火支援下从右翼攻破了西班牙的战线，敦刻尔克被法军攻下。

经过几轮战役，到 1659 年，法国通过一系列军事胜利和外交手腕，最终迫使西班牙签订了《比利牛斯和约》，承认法国对北部低地地区的阿图瓦和南部法西边境的鲁西永的兼并，而且经过马扎然的巧妙安排，使 20 岁的路易十四与年幼的西班牙公主玛丽・特蕾兹订婚，结秦晋之好。为期十年的法西战争从此结束，而且为此后法国争夺西班牙遗产提供了合理的借口。

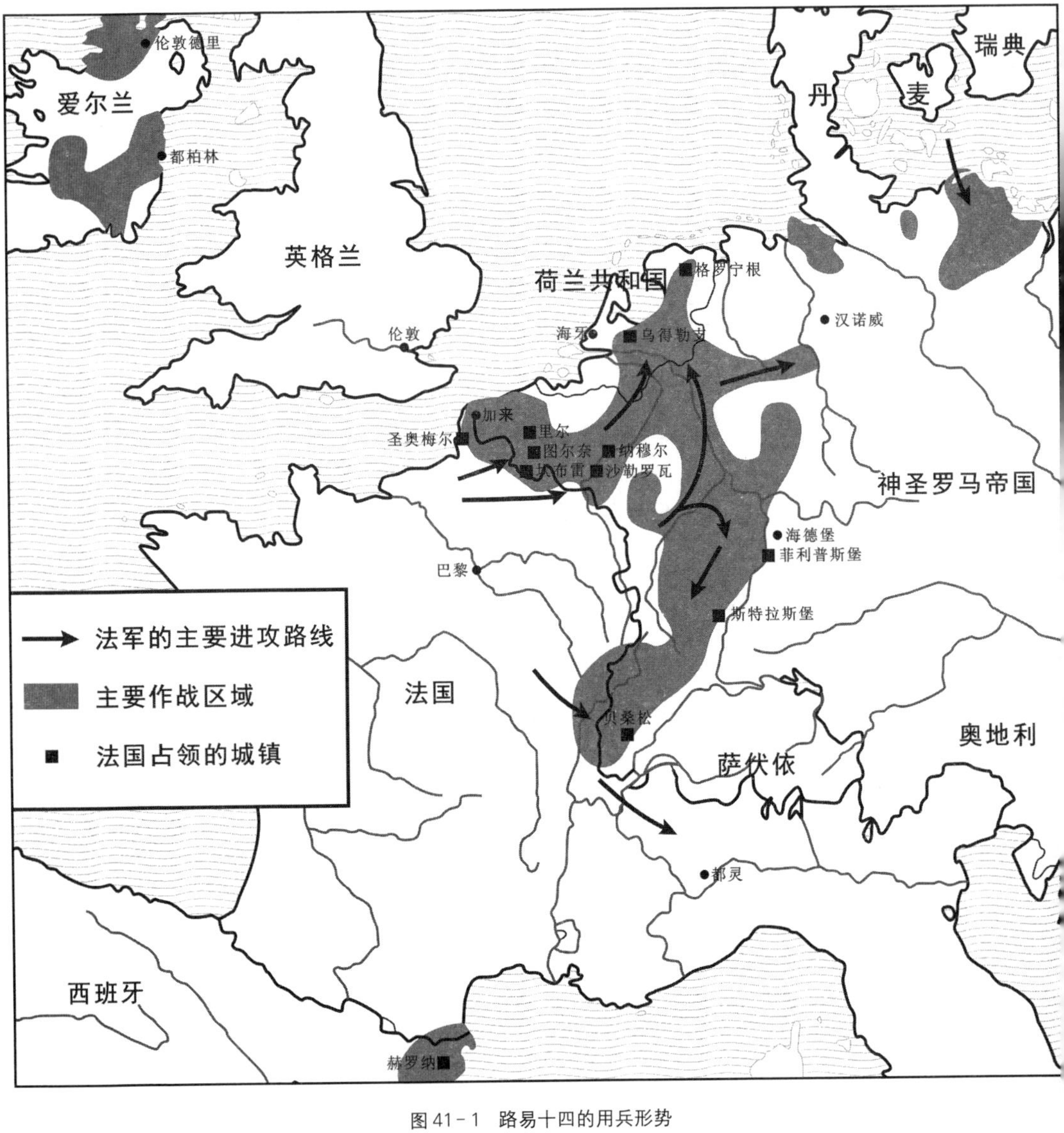

图41-1　路易十四的用兵形势

41．路易十四时期的对外扩张

“太阳王”路易十四在位的54年中，大部分处在对外战争状态，这位追求荣耀和伟大的君主毕生都在力图使法国登上欧洲的霸主地位。

经过三十年战争和法西十年战争，哈布斯堡王朝已经日落西山，无法再在欧洲称霸。但同时荷兰和英国作为海上强国正蓬勃兴起，成为法国的有力对手。而法国仍然跃跃欲试，积极扩张，想要成为新一任霸主。

前面讲到一纸比利牛斯和约为法国带来了阿图瓦和与西班牙的联姻，1665年西班牙国王腓力四世去世，路易十四立即以王后玛丽——腓力四世之女的名义要求继承西班牙在低地地区的其他领地。两年后，路易十四率领大军亲征低地地区，同这里的西班牙和荷兰军队作战。法军在蒂雷纳和孔代的率领下迅速攻下里尔等城市，接着又转向东南，由孔代率军在半个月之内攻占了弗朗什-孔泰境内的所有要塞。针对法国咄咄逼人的势头，荷兰与英国、瑞典缔结了反法同盟，迫使法国在1668年签订了《亚琛和约》。但法国因此得到了里尔、杜埃等低地地区的多处要塞。

可路易十四并不满足于此，他大力扩充军队，积极备战。到1672年，法军士兵人数增加了数倍，达到45万。同年，法军入侵荷兰，荷兰执政奥兰治亲王不得已命令炸开堤坝以海水阻挡法军，同时奥地利、西班牙、丹麦和德意志诸侯结成联盟，援助荷兰，对抗法国，这场战争持续了长达七年，最终以法国的胜利而告终。1678—1679年，法国分别同荷兰、西班牙和奥地利签订《奈梅亨条约》，法国获得弗朗什-孔泰和低地南部的一些城市。这一条约，标志着法国在欧洲的霸权达到了最为辉煌鼎盛的时期。

但是路易十四的扩张欲望并没有因此而停歇，因为从低地地区到法

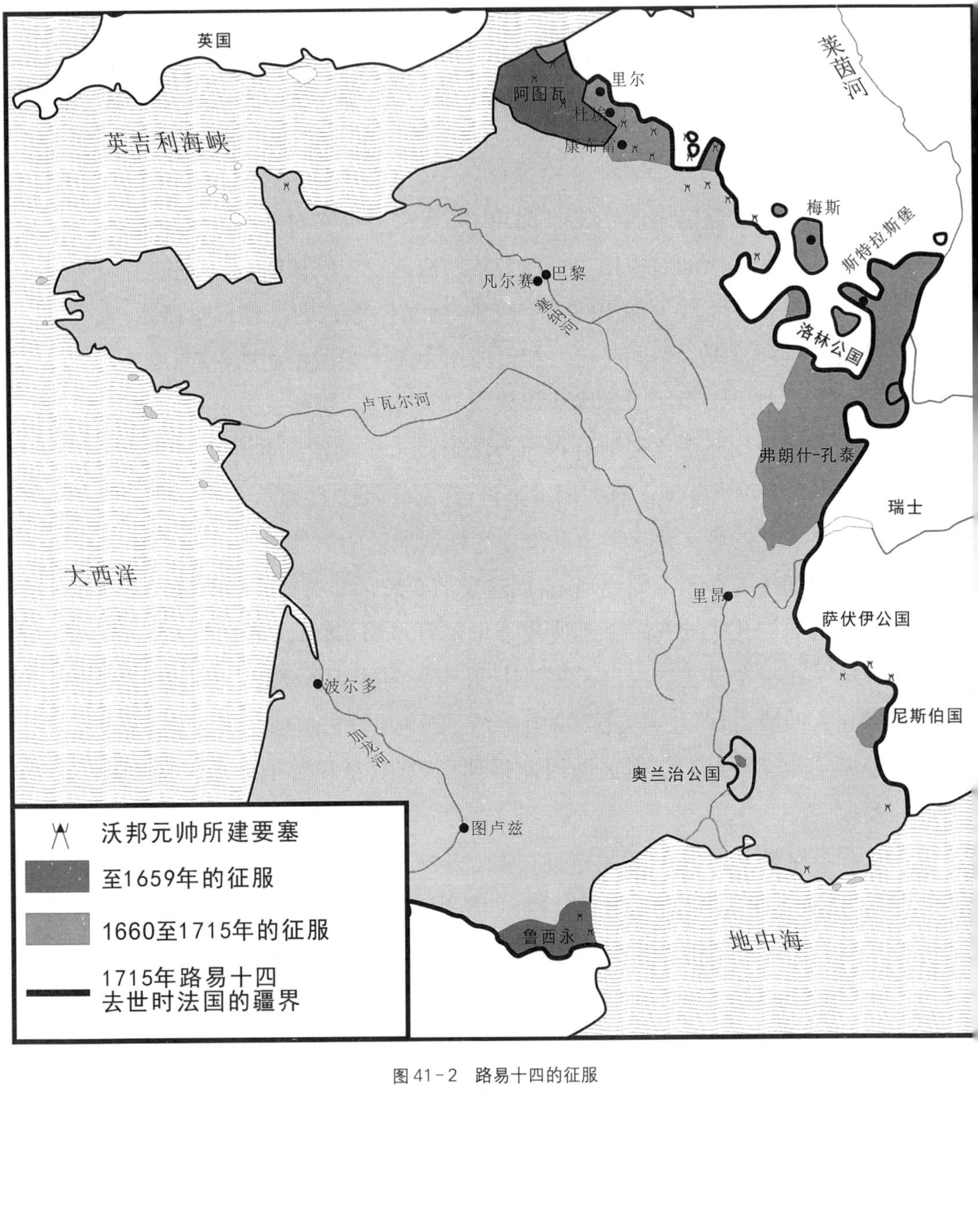

图41-2　路易十四的征服

国东北部还有许多富裕但独立的城市。于是此后几年里，他寻找各种历史依据夺得卢森堡和弗兰德尔南部的许多城市。1681 年 9 月 30 日，法国突然出兵强占了斯特拉斯堡，当时这里还是属于神圣罗马帝国设在阿尔萨斯地区的重镇，早已为法国虎视眈眈，当被吞并后，德意志方面也无能为力，只能默认这种既成事实。路易十四为了对抗帝国，还命令沃邦元帅沿着莱茵河和马斯河建筑了一条要塞防线。

路易十四的肆意妄为，再次引发欧洲各国团结起来一致对法。1686 年由奥地利、西班牙、荷兰、瑞典结成反法的奥格斯堡同盟，由于荷兰执政奥兰治在 1688 年光荣革命后登上英国王位，因此英国也被拉入了这个同盟。这样，整个欧洲都起来反对法国，法国被迫于 1697 年在荷兰签订《里斯维克条约》，不得不吐出在《奈梅亨条约》之后吞并的土地，放弃沃邦元帅在莱茵河右岸建筑的几处要塞，并且承认奥兰治亲王威廉为英国国王。但是法国最终还是保留了斯特拉斯堡，这个城市成为法德之间争夺的一个重要胜利果实。

经过路易十四的不懈努力，法国的领土又有了很大的扩张。对于新并入的地区如低地地区南部、阿尔萨斯、弗朗什-孔泰、鲁西永等，路易十四并不完全废弃那里原来的制度，只是逐步地推行法国的法律，并且还发展黎塞留时期创设的“四裔学校”，使这些地方逐渐地认同法国。

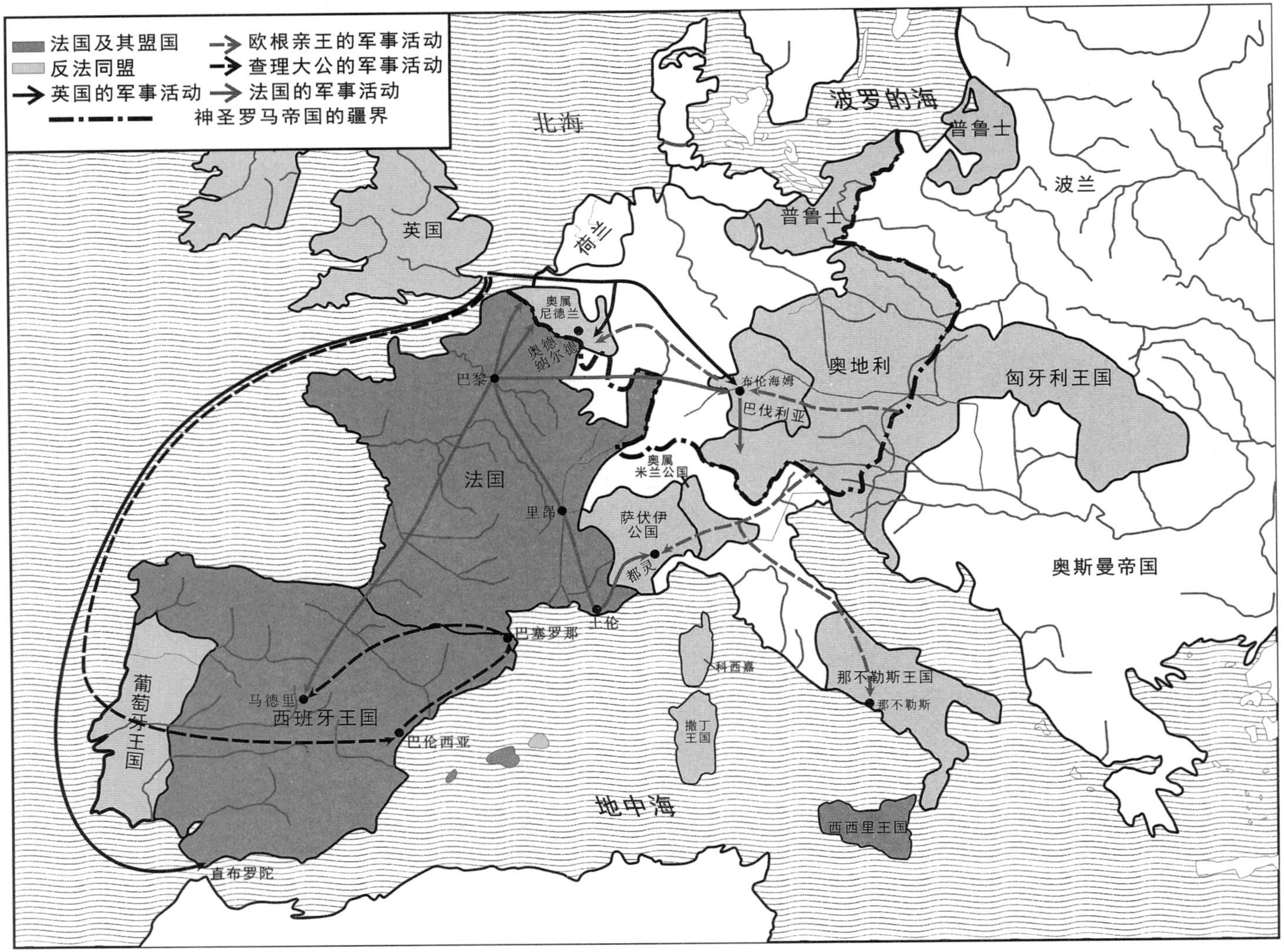

图 42　西班牙王位继承战争

42. 西班牙王位继承战争中的法国

三十年战争中，法国取得了对西班牙的决定性胜利。但是对于想要争霸的法国来说，西班牙毕竟是积累了数个世纪的帝国，只有完全征服伊比利亚才可以完成自己的霸主理想。

法国一直在等待一个机会获取西班牙的遗产，而这个机会随着一场继位危机来临了。西班牙从15世纪末开始与奥地利哈布斯堡家族联姻，因此属于哈布斯堡王朝。到卡洛斯二世死后，没有子嗣，在遗嘱里说明将王位传给其外甥，即法国国王路易十四的孙子安茹公爵腓力。这一来，法国就不费一兵一卒地获得了庞大的西班牙帝国。

但是这引起了奥地利哈布斯堡王室的不满，他们认为西班牙的王位本应由奥地利的大公查理，即后来的神圣罗马帝国皇帝查理六世继承。面对法国占便宜的情况，他们决定对法宣战，以夺回西班牙的王位。

双方开始拉拢盟友，形成两派阵营。法国与西班牙以及德意志的几个邦国如巴伐利亚等形成同盟，而奥地利则同英国、荷兰、葡萄牙、萨伏伊公国、那不勒斯王国以及德意志的勃兰登堡等小邦国结成反法同盟，于1702年5月正式对法宣战。

第一阶段双方各有胜负。1702年9月，法国与巴伐利亚共同突破莱茵河防线，进逼奥地利。但是法国盟友西班牙却陷入不利战局，英荷联合舰队不仅歼灭了西班牙舰队，英国更是攻占了西班牙南部的直布罗陀。1704年，萨伏伊的欧根亲王和英国统帅约翰·丘吉尔（马尔伯罗公爵，即后来那位英国首相的先祖）领导的奥英联军，在布伦海姆大破法国和巴伐利亚联军，巴伐利亚退出战争，两年后，欧根亲王在都灵再次大败法军，法国在其他地方也连吃败仗，不得不退为守势。

反法同盟趁着胜利对西班牙发动进攻，迫使法国人腓力五世逃离马德里，让奥地利的查理大公成为国王。就在这种情况逐渐成为定局之时，法军开始了反攻。1707 年 4 月法军成功进占西班牙大部分地区，腓力五世又回到了马德里的王位上。同年 7 月，法军在法国南部的土伦港打败欧根亲王。但是次年 7 月，丘吉尔和欧根亲王的反法联军在奥德纳尔德再度击败法军，1709 年 7 月，双方在荷兰决战，法军再度战败，但是反法同盟也没有取得更多战绩，双方进入僵持阶段。

就在这时，英国与俄国开始为争夺北欧而进行战争，为了全力对付俄国，英国决定与法国和谈，停止对法的战争。这一来，反法同盟其他国家也都纷纷转而与法国和谈。而且，查理大公也在这时继位为神圣罗马帝国的皇帝，西班牙的王位也不再是那么炙手可热了，而且一个横跨西班牙和德意志的哈布斯堡帝国也不是欧洲各国愿意看到的结果。于是在 1713 年，法国与反法同盟各国签订了《乌得勒支和约》，腓力五世可以继续担任西班牙国王，但是规定法国与西班牙永远不能合并。

这场战争中，法国损失严重，也没有实现其称霸欧洲的企图，但与西班牙的关系得到了很大的改善。而英国却趁机夺去了法国的海外殖民地，走向了海上霸主之路，法西矛盾为法英矛盾所取代。

43. 七年战争中的法国

与过去两个世纪以奥地利和西班牙为敌不同，18 世纪法国的对手变成了英国，英法之间的冲突和争霸成为数次战争的原因。而这时期法国霸权的衰落也变得愈加明显。

先于法国衰落的是奥地利，1740—1748 年的奥地利皇位继承战争中，奥地利的哈布斯堡家族同新兴诸侯普鲁士争夺德意志领导权败北，在瓜分奥地利的遗产时法国也凑了进来，伙同普鲁士对奥作战，在欧陆分得了一杯羹。但是在海战中，法国遭到英国的沉重打击，最终不得不退出占领的比利时、荷兰，而奥地利的西里西亚领地则为普鲁士夺得。

经过这次不幸的投机之后，法国与同为受害者的奥地利走到一起，虽然过去一直是冤家，但为了共同的利益和敌人结成了同盟，为了巩固这一同盟关系，路易十五还让自己的孙子，未来的路易十六与奥地利公主玛丽·安托瓦内特订婚。英国则同普鲁士携起手来，共同对抗法国和奥地利。而俄国则同日益强大的普鲁士关系紧张，加入了法奥的阵营。至此，两大军事阵营形成，欧陆各个国家诸侯纷纷依附。

1756 年 8 月，战争开始。普鲁士本想速战速决迫降奥地利，但是没能成功。此后，普鲁士陷入被动，1757 年 8 月，法军在西线分两路向普鲁士的盟军展开军事行动，黎塞留公爵率法军迫使英国和汉诺威联军投降，这样，普鲁士正西边的门户打开，形势非常危急。但是法军没有乘胜追击，腓特烈派不伦瑞克的费迪南亲王率各国联军牵制住了法军。但是，在普鲁士的西南边仍有法军与德意志诸侯联军穿过萨克森不断进逼，正南方有奥地利军队，东边则亦有俄军进攻。普鲁士三面受敌。

普鲁士决定首先与法国打一仗，以求突破，这就是罗斯巴赫会战。1757 年 11 月 5 日，腓特烈亲率少量骑兵，连夜径直往西南方法军联军

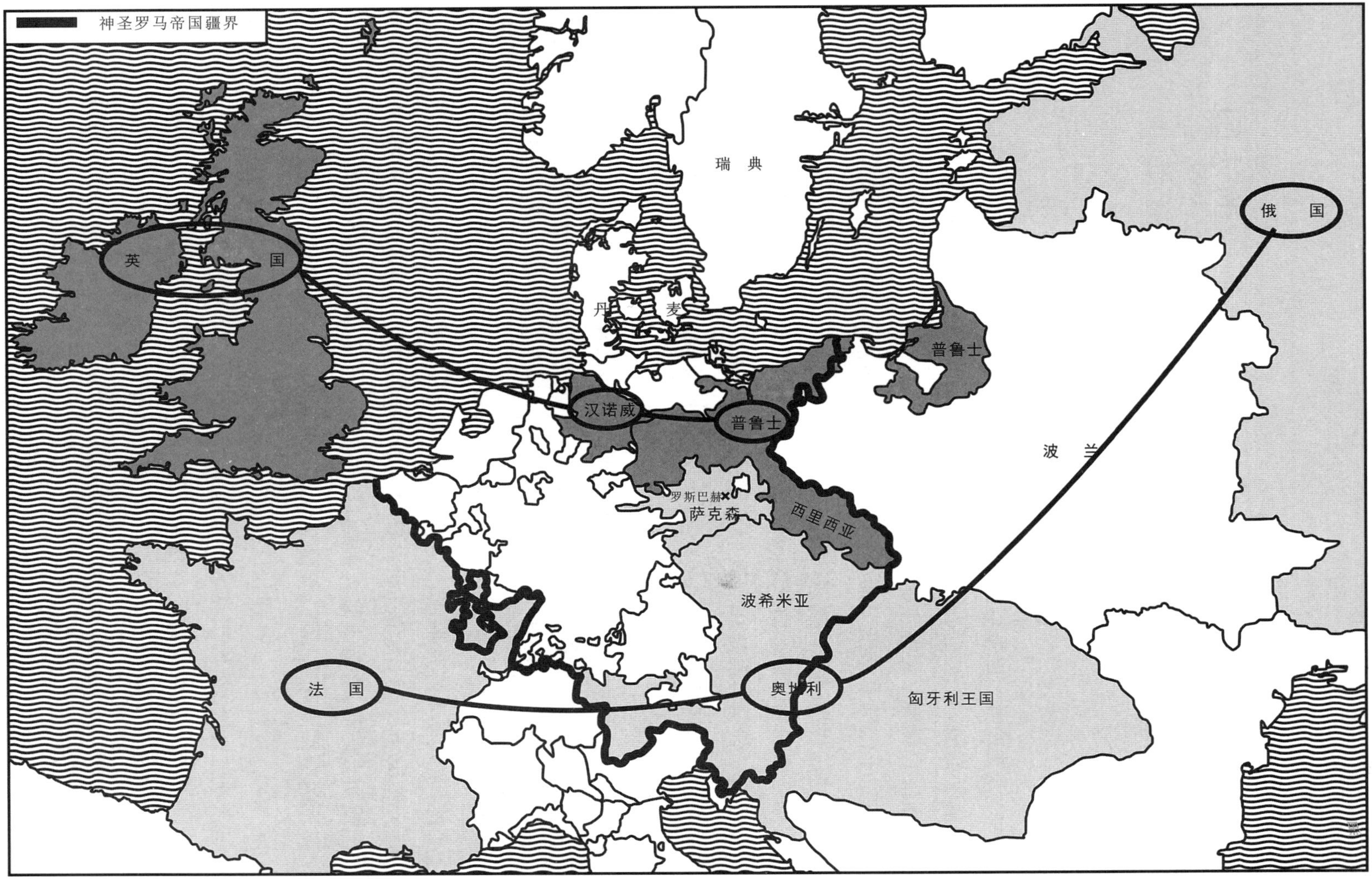

图 43 七年战争中的阵营

阵地奔驰而去。此前腓特烈贿赂了西边的法军将领黎塞留公爵，使其按兵不动，以集中兵力与联军展开大战。这时腓特烈的兵力仅有联军的一半，但他却有效地利用了这种劣势，诱使法军加快行军进入事先布置好的陷阱，然后以重炮掩护步兵杀入陷入混乱的法军，而且以骑兵绕到法军背后夹击，以很小的损失重创法军。这一仗，使路易十四以来法军英勇无敌的形象丧失殆尽。

此后，普鲁士军主力也得以全力以赴对付南边的奥军和东边的俄军，最终以巨大代价击退了敌军。

法国在欧陆战场上表现得非常糟糕，在海上战场更是一塌糊涂。英法对海外殖民地进行激烈的争夺，1758年，英军先后夺取法国的殖民地路易斯堡和魁北克，进而在次年歼灭了法国的舰队，占领了整个法属加拿大，并且还夺得了法国在印度的殖民地。法国在其海外殖民地全线撤退，于1763年与英国签订了《巴黎和约》，将加拿大全部拱手让给了英国，从而使英国成为海外殖民地的霸主，而法国的国际地位和形象则一落千丈。

但是英国将军费转嫁到北美殖民地人民身上，很快就引发了美国独立战争，法国也赶紧支持美国，算是为之前的惨败报仇雪耻了。

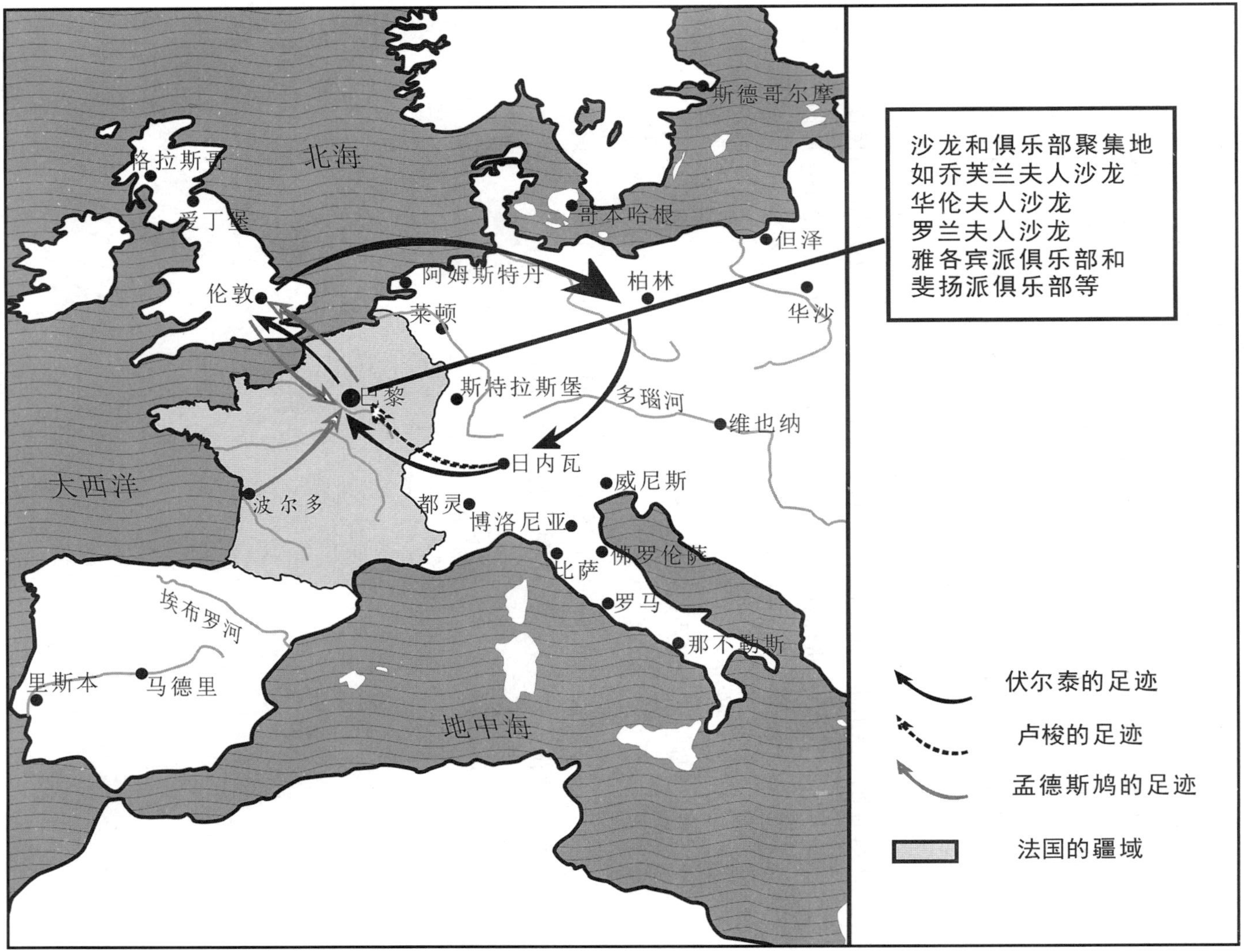

图 44　启蒙运动中的名人们

44. 启蒙运动的名人们

路易十四的绝对王权失去了光芒以后，随之而来的就是一场思想改良运动——启蒙运动。而这场轰轰烈烈的思想运动正是由一帮法国思想家和作家烘托出来的。

伏尔泰是启蒙运动的代表人物。他一生都致力于进行社会批判，对政治、宗教和社会的不正风气都予以大量的讽刺，这也使他成为法国王室的眼中刺，并因此而被关押在巴士底狱。他出生于巴黎，但是曾经在英国和德国流亡过，最终在法国和瑞士边境找到了一个地方住了下来，继续发表抨击天主教会的檄文。伏尔泰最终在 30 年后回到巴黎，不久即告别人世。

让-雅克·卢梭出生于瑞士日内瓦，1742 年搬到巴黎，在这里结识了许多著名学者并受到很大影响。他于 1756—1762 年间在巴黎近郊隐居时写下了《社会契约论》，提出的人民主权和民主政治哲学思想深刻地影响了启蒙运动和后来的法国大革命。后来由于与启蒙运动的其他学者产生分歧，尤其是伏尔泰和狄德罗，并且还遭到法国当局的通缉，卢梭此后几十年都是在孤独中度过的。期间，他曾得到休谟的邀请去过英国，但还是由于两人分歧加大而离开了英国。

除了思想著作，卢梭还有不少畅销书如《爱弥尔》、《新爱洛绮丝》等，甚至引领当时的社会风尚。卢梭热衷于自然风景，经常远途旅游，爬山越岭，他喜爱乡村生活胜过巴黎的城市生活，因此在其生命后期一直生活在巴黎近郊的乡村。

孟德斯鸠出身波尔多贵族家庭，37 岁时辞去波尔多法院院长职务而迁居巴黎。在英国考察两年后他回到巴黎，致力于写作。他最重要的作品是《论法的精神》(1748)，提出了自由主义和三权分立的政治学说，强调法律的作用。

狄德罗是“百科全书派”的代表。他主编了35卷本的《百科全书》(1751—1772),用理性主义思想探索和总结世界和社会,告诫人们不要迷信和盲从,把理性的光辉传给更多读者。

启蒙运动时期的学者文人经常聚会交谈,而沙龙、咖啡馆,以及一些社团、俱乐部组织就成为他们碰头和聚会的场所。最初是一些贵妇举办的沙龙,她们利用自己的影响力提携赫赫有名的文人,并且利用她们的影响力而使这些文人更加出名。譬如乔芙兰夫人之于伏尔泰、孟德斯鸠,华伦夫人之于卢梭,等等。

到大革命前夕,越来越多的社团出现,逐渐取代了贵妇沙龙的位置。比较著名的有雅各宾派、斐扬派等,都以同名修道院作为俱乐部,而吉伦特派的俱乐部则是罗兰夫人的沙龙。

45. 巴黎之一——从寂寂无名到王国首都

虽然巴黎早在罗马帝国时期就已经发展起了规模不小的定居点，但是在此后的 1 000 年里，它都没有受宠过。国王们更愿意住在巴黎附近的琅城、奥尔良、默伦等城市。

巴黎的风采是从 12 世纪开始展现的。这时期也正是卡佩王朝走向强盛的时期，而巴黎地位的上升，也正是与这个不断壮大的王朝紧密联系在一起的。

路易七世在巴黎的中心西岱岛上开始建设巴黎圣母院，将哥特式风格推向了极致，为法国赢得了国际声誉。为巴黎赢得声誉的还有路易九世资助创办的索邦大学，从此来自欧洲各地的学生汇集到这里，使大学周围的地方形成了“拉丁区”。

腓力二世为巴黎建起了城墙，并且在面向英格兰的地方建造了一处要塞，即后来的卢浮宫。有了城墙以后，巴黎就成为一个颇具规模的首都，在人们心目中的地位大大上升，因为城墙也给人们带来安全感。到 14 世纪查理五世在位时，为了更好地应对百年战争，又增建了一道城墙，这道城墙的最东端也建了一个堡垒，即后来的巴士底狱。

14、15 世纪期间，法国国王们又不再青睐巴黎，更喜欢到卢瓦尔河谷的城堡中去生活(参见第 35 节)。但是进入 17 世纪以后，巴黎与法国王室再也没有分开过，成为波旁王朝的国王们展现个人权威、炫耀自己功绩的场所。

亨利四世在巴黎修建了许多项目，他想要通过建筑、雕像和辉煌的城市来彰显他的权力。他在卢浮宫与杜伊勒里宫之间增建了一条长廊，卢浮宫从过去的碉堡演变成为国家最高权力的符号，并且一直到路易十四时代都不断地被整修、美化，象征着君主至高无上的地位。历代国王

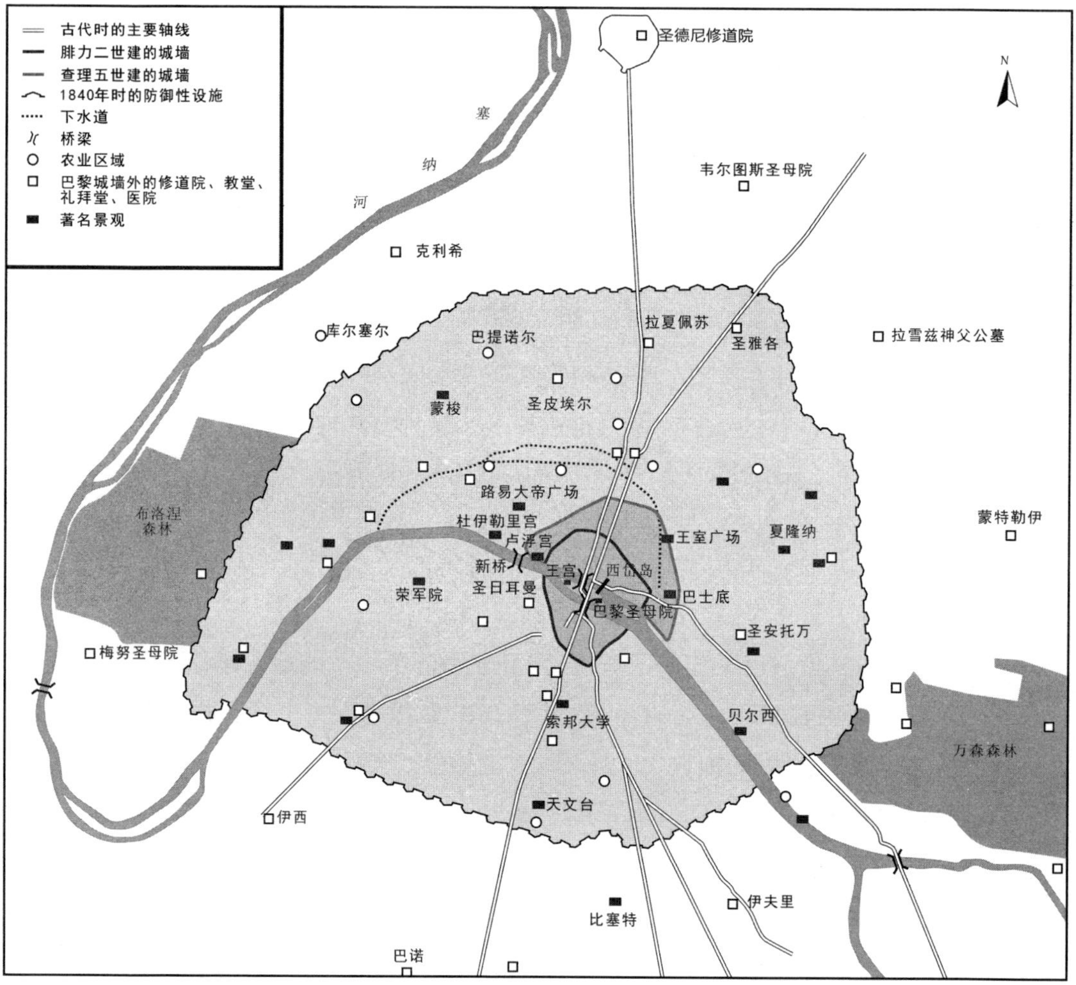

古代时的主要轴线
腓力二世建的城墙
查理五世建的城墙
1840年时的防御性设施
下水道
桥梁
农业区域
巴黎城墙外的修道院、教堂、礼拜堂、医院
著名景观
圣德尼修道院
N
塞
纳
河
韦尔图斯圣母院
克利希
库尔塞尔
巴提诺尔
拉夏佩苏
圣雅各
拉雪兹神父公墓
蒙梭
圣皮埃尔
路易大帝广场
布洛涅森林
杜伊勒里宫
卢浮宫
王室广场
夏隆纳
蒙特勒伊
新桥
王宫
西岱岛
荣军院
圣日耳曼
巴士底
巴黎圣母院
梅努圣母院
圣安托万
贝尔西
索邦大学
万森森林
天文台
伊西
伊夫里
比塞特
巴诺

图 45　15 世纪的巴黎

也都在这里存放收藏品，逐渐形成了一座艺术宝库。亨利四世主持了著名的新桥（Pont-Neuf）的修建，桥的中间竖起了他的青铜骑像，他还修建了王室广场（即后来的孚日广场），这是一个封闭性的意大利式广场，周围的房屋建好之后就很快被贵族们抢购而空。

路易十四比谁都更了解建筑与权力的关系，而且他的臣仆科尔伯也时刻提醒他利用建筑来表现王权的伟大。于是路易十四重修了卢浮宫，建造了很多广场，其中最著名的是路易大帝广场（后来的旺多姆广场）和胜利广场，两个广场中心都树立起他的雕像。他在巴黎北边还修建了两座凯旋门，其中一座圣德尼凯旋门至今还在。此外，路易十四还在城墙之外修建了林荫大道，供人们闲暇游玩，荣军院、天文台、法兰西学院等建筑也都建立起来，衬托出国王的绝对权力。这些纪念碑式的建筑使巴黎成为法国风格新古典主义的典范。

路易十四在巴黎以外还修建了凡尔赛宫，在晚年迁到了凡尔赛宫。这对巴黎而言是个噩耗，失去了国王厚爱的首都在面对凡尔赛宫的辉煌时，略显凄凉，因为所有的贵族也都自愿或被迫地搬到了凡尔赛宫。然而巴黎并没有被遗忘，启蒙时代的文化中心仍然是在巴黎，沙龙、咖啡馆等新设施则为巴黎增添了越来越多的现代元素。

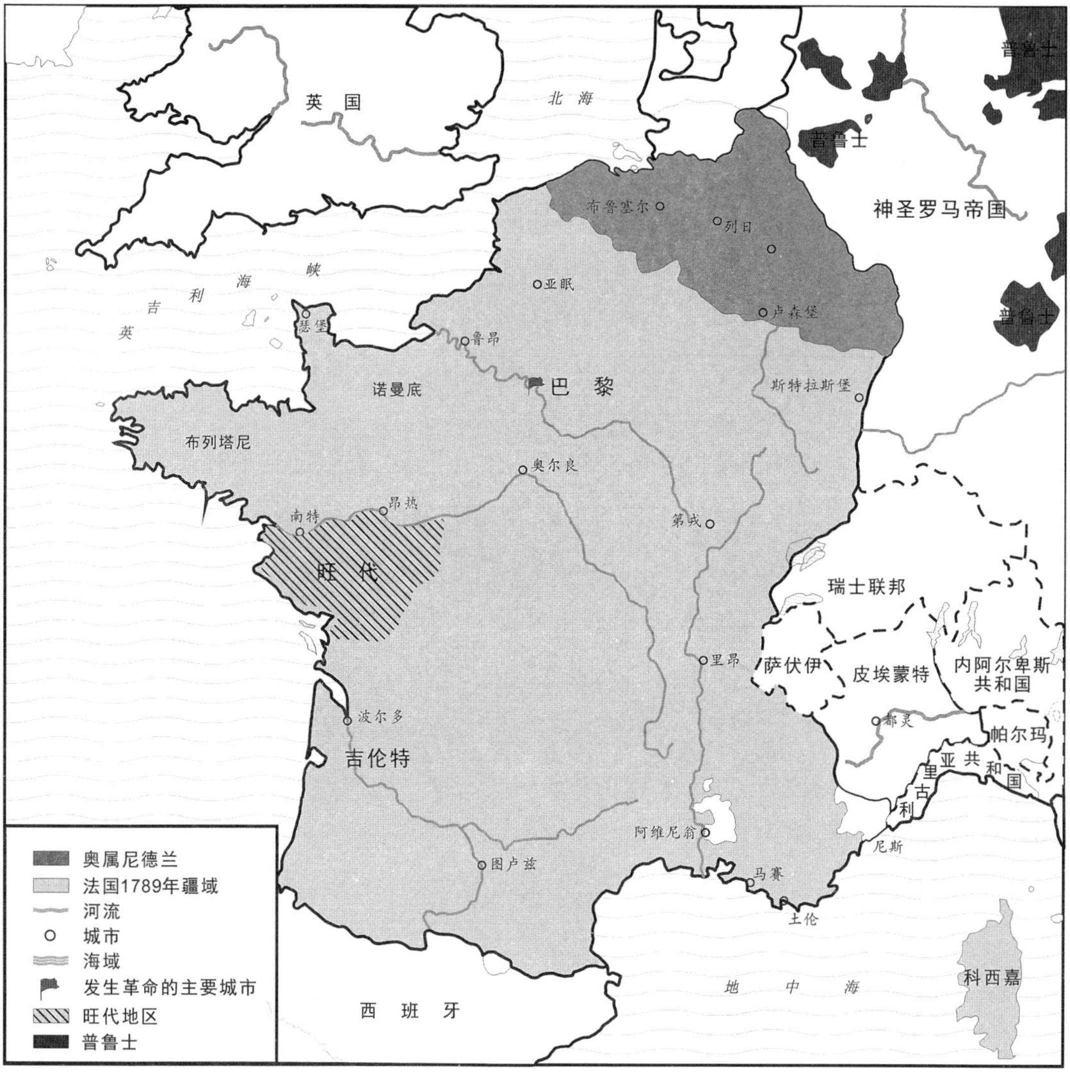

图 46　大革命时期的法国

46. 法国大革命

1789—1799 年这十年间的法国大革命，不仅是一段动荡和激进的峥嵘岁月，而且它对欧洲乃至全世界都产生了不可磨灭的影响。自由、平等、博爱的信条经由血与火的洗礼，变得深入人心，拉开了现代政治和社会的帷幕。

旧制度时期长期得不到解决的财政危机，加上自然灾害、饥荒问题和对外战争失败，使法国王室和政府越来越得不到民众的信任，人们的情绪日益激进。最终在 1789 年召开的三级会议中爆发，号称第三等级的革命民众在网球场进行了宣誓，随即成立了国民议会。消息传出后，巴黎很快出现了暴动，民众攻占了巴士底狱。之后制宪会议通过了《人权宣言》。

面对革命，王室最初还是比较合作的。路易十六慰问革命的巴黎民众时，建议在红蓝条纹的巴黎城市徽章上再加上代表波旁王室的白色，以示同舟共济，由此产生了三色旗。这与红色的“弗里吉亚帽”，种植“自由树”，参与雅各宾派创建的俱乐部等，都成为革命的标志。此后两年里，国民议会也施行了一系列富有活力的改革，对法国产生了深远的影响。很快确立了君主立宪政体，制定了 1791 年宪法。这时期的巴黎和法国，可谓万物维新。

革命者的激进和保守贵族的不满影响到王室，软弱的路易十六在王后安托瓦内特的劝说下也转变了立场，他们乔装逃离巴黎。这引起了革命民众的极大不满，认为他要勾结外国势力镇压革命，于是将其强行押回巴黎。革命也并没有停歇，革命民众很快就将革命继续向前推进。1792 年，革命再次爆发，君主立宪派被推翻，国王被逮捕，吉伦特派取得政权，并且召开国民公会，成立了法兰西第一共和国，国王被送上了断头台。

1793年，面对欧洲各国势力的干涉，革命者们同仇敌忾，高唱着《马赛曲》奔赴前线，战胜了普鲁士和奥地利联军。但是，年轻的共和国内部又存在着诸多分裂因素，如法国西部的旺代地区，人们就拿起武器代表教会和国王反对共和国，但最终还是被日益中央集权化的革命政府血腥地镇压了下去。

革命无法回头了，但又没法刹车。伴随着物价飞涨、外部干涉，吉伦特派很快也支撑不下去了，形势朝着有利于进一步革命的方向发展。吉伦特派被推翻，雅各宾派掌权，实行恐怖专政统治，残酷镇压一切敌人。但是雅各宾内部的分裂也日趋明显，丹东和罗伯斯比尔等人也都相继被送上了断头台。反法同盟也一再对法国步步紧逼。在此危急情形下，雅各宾派中的右派发动了热月政变，在1794年建立起热月党人的统治，并成立了督政府(1795—1799)，致力于消除革命恐怖政策和激进措施，以维持正常的共和秩序。

然而，热月党人想要维护革命成果的初衷还是没能实现，因为外国势力依然仇视革命的法国，不断逼近革命中心。于是热月党人也被淘汰了，在雾月政变中，拿破仑脱颖而出，以成立军政府的形式，成为法国大革命成果的维护者。

47. 从领地到省——法国行政区划的变迁

细看法国地理空间区划的变迁，就仿佛看到了一种历史的轮回。旧制度时期的法国，基本的地方单位是大小不一的行省(Province)。这些行省是法国漫长的历史当中由国王分封给地方贵族，从而形成的地方诸侯国。行省的存在和合法性依赖于习惯法，并无成文法律规定，因此只要被国王承认即可，一个行省往往也是一个自成一体的领地国家。

行省在法国历史上作用重大，如奥尔良公国，是除巴黎以外最重要的领地，卡佩王朝早期的国王们一般都选择住在卢瓦尔河畔的奥尔良，后来这里往往被分封给国王的兄弟，作为辅佐和保卫巴黎的重镇。一直到 19 世纪，奥尔良公爵还具有举足轻重的作用。位于东部边境地区的勃艮第公国和弗朗什-孔泰伯国在 14 至 16 世纪同属于强大的勃艮第王族领地，该王国一直向北延伸到低地地区，并且一度成为哈布斯堡帝国的核心部分，这对瓦卢瓦王朝的法国构成极大的威胁，但是最终被法国国王纳入到法国的领土版图中(参见第 31 节)。

随着法国向四周不断扩张，越来越多的土地被并入进来，形成新的行省，如东北部的阿尔萨斯、洛林，以及地中海沿岸的科西嘉和普罗旺斯等。1859 年，拿破仑三世从皮埃蒙特-撒丁王国获得的尼斯和萨伏伊，成为法国最后获得的两大行省。

法国大革命以后，行省制度被取消，大小不一的行省被细化成面积均等的 83 个省(département)。1789 至 1791 年国民议会施行了一系列改革，对法国的历史产生了极其深远的影响。其中，行省制度的改革对于法国空间的变化，起到了革命性的影响。省成为财政、司法、宗教、军事等管理体制的基础单位，每个省有专区政府，各省大小的设置就是根据一天之内能够到达专区政府所在地的范围决定的。

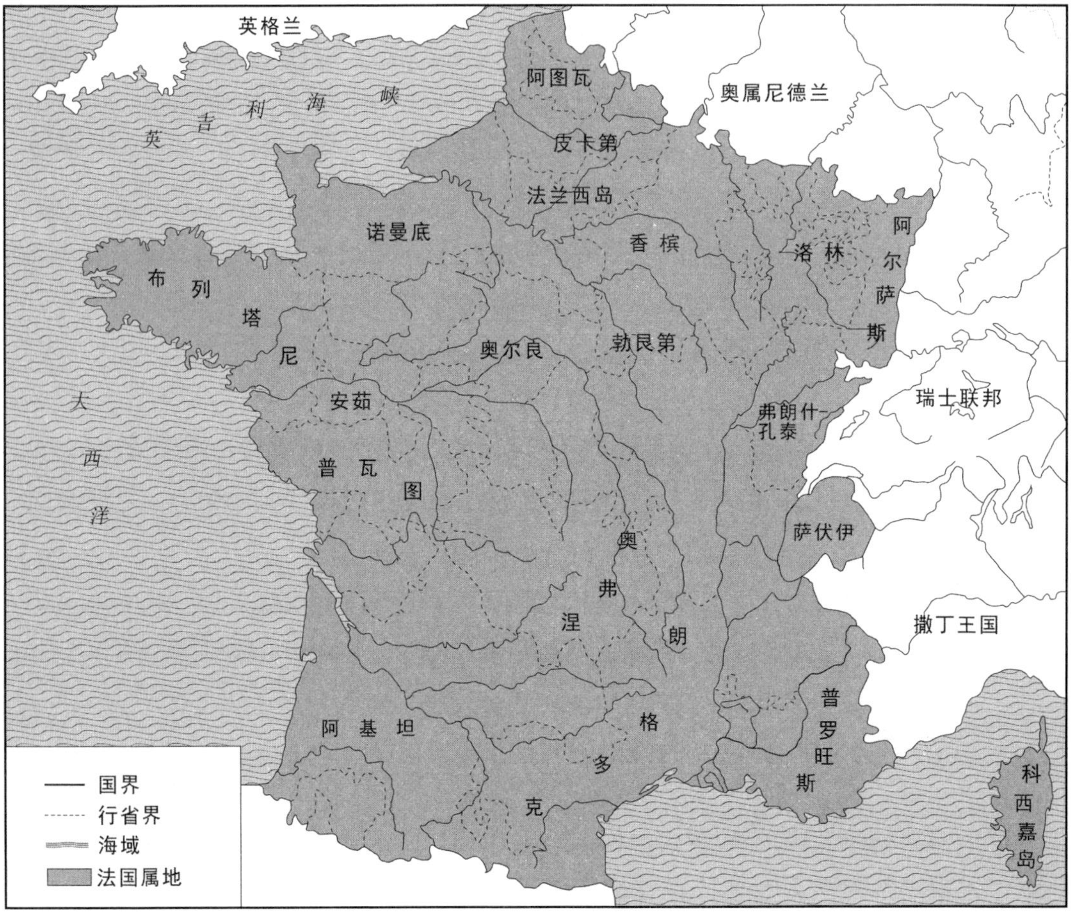

图 47－1　领地时代的法国

这些省的名称改动也颇有意思。改名所根据的往往是河流、山脉等自然特征。如阿尔萨斯被分成上、下莱茵省，香槟伯国被分成马恩省、埃纳省，都是以流经的河流命名。上比利牛斯省、上阿尔卑斯省都是以同名的山脉命名。马斯、索姆、阿登、汝拉、孚日等省也都是如此。由此可见，大革命通过以河山命名，打破了过去的记忆，也创造了一种新的共和传统。

20世纪后半叶，又出现了大区制度。1956年，法国创设了大区(région)的行政单位，将若干个省组合成大区这个更大的单元。1982年通过《权力下放法案》，大区正式成为法国的一级地方行政单位。大区单位与旧制度时期的行省范围大致相同，甚至名称上也多有雷同，如阿基坦、布列塔尼、朗格多克等。这仿佛又回到了旧制度，足可见法国传统力量的强大。就连法国首都所在地也于1976年改成了“法兰西岛大区”，这个名称也是来源于旧制度时期王室领地的名称——法兰西岛。

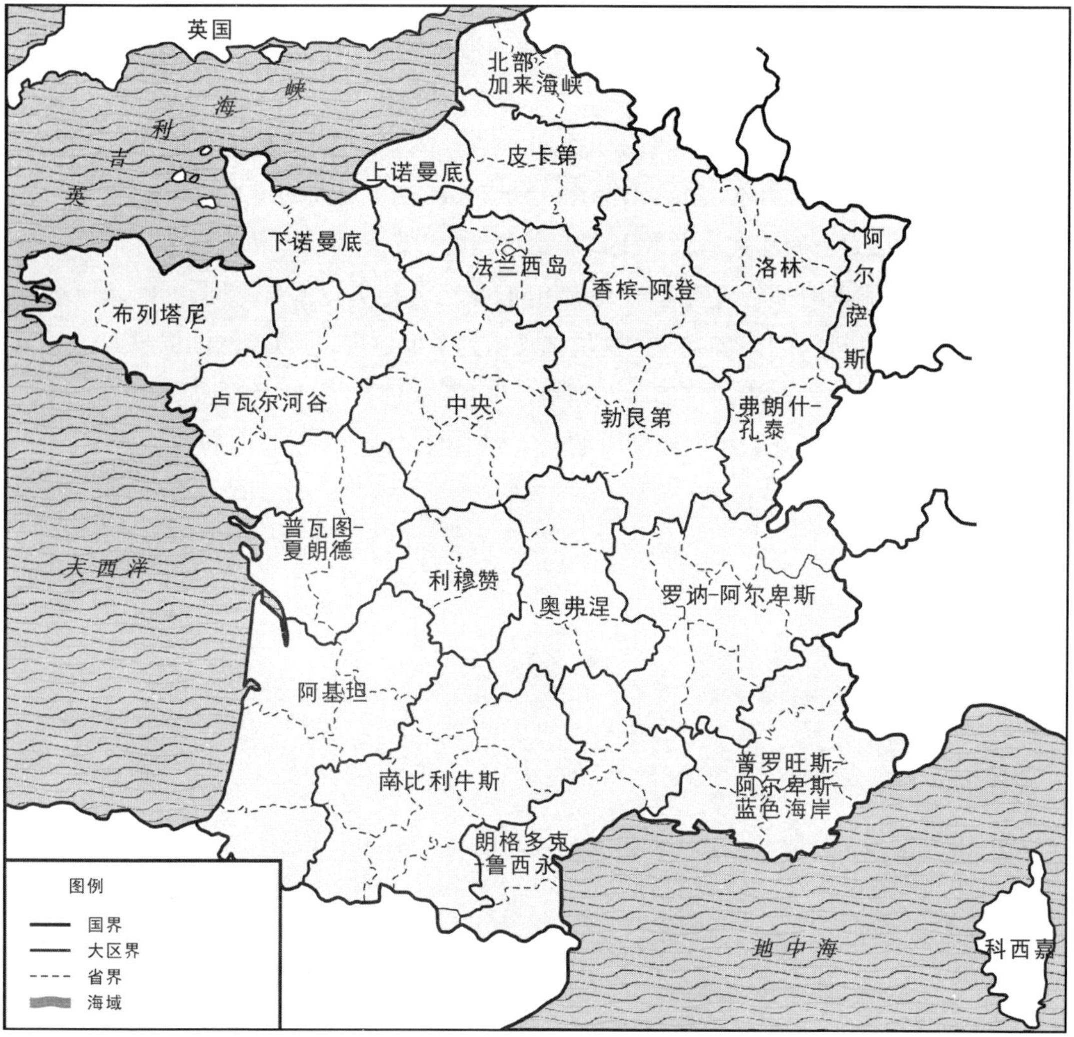

图 47-2　法国的行省区划

48. 拿破仑帝国

1769年,科西嘉被法国兼并为一个行省。同年,科西嘉岛一个意大利裔贵族家族中,一个婴儿呱呱坠地,成为法国公民。他,就是拿破仑。

拿破仑10岁时就被送到法国接受教育,从陆军学院炮兵专业毕业。大革命爆发时,他回到科西嘉,仍想要推动这里的独立,但是这个理想却难以实施。大革命不断向前推进,1793年,担任少校的拿破仑受雅各宾派委托成功地攻克了保王党的大本营土伦港,2年后又为督政府成功平定了巴黎保王党的暴动,这两场战役显示出他的军事天才,使年轻的拿破仑在军政两界崭露头角。

1796年,年仅26岁的拿破仑被任命为意大利方面军的总司令,到意大利北部与奥地利作战。在这里,拿破仑尽情挥洒着他的军事才能,多次击退以奥地利为首的反法同盟联军的进攻,使法国自大革命以来在与欧洲各国的军事作战中终于取得了上风。

意大利战争以后,拿破仑成为法兰西共和国的英雄,被督政府任命率军远征埃及,以抑制英国在那里的扩张。但是这次远征除了在陆地上获得全胜,在海上却被英国彻底击败。拿破仑征服埃及、叙利亚乃至印度的计划没能实现。不过,这次远征却促成了埃及学的诞生。拿破仑不仅带着军队,还带上了大量学者,他们在埃及的考古和研究帮助揭开了古埃及的神秘面纱。

1799年,拿破仑回到巴黎,他对督政府越来越不信任,于是在同年11月9日发动了雾月政变,取而代之。他在1804年进而将共和国改为帝国,加冕为皇帝,称拿破仑一世。拿破仑政变以后,宣称结束了大革命,但是他的统治却延续了大革命时期创立的中央集权传统。拿破仑进

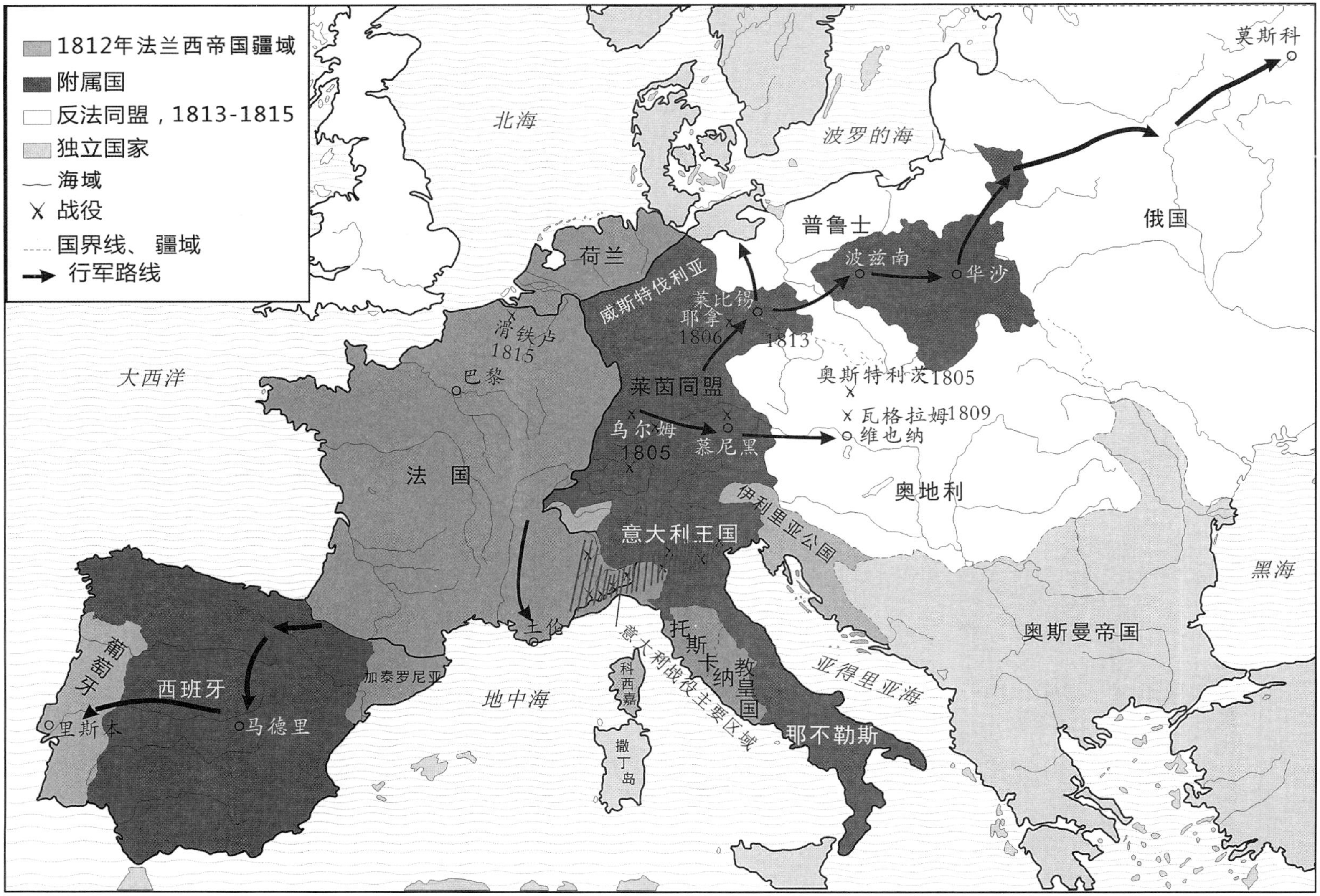

图49 拿破仑时代的欧洲

行了一系列的重大改革,其中最重要的就是颁布了《拿破仑法典》,影响非常深远。

建立帝国以后,拿破仑下面要做的就是要使其帝国囊括整个欧洲。不断的扩张战争使其家族成员逐渐成为欧洲各国王室的首脑,法国成为欧洲的中心。但是英国却始终在和他作对。拿破仑一心想要降伏英国,可他穿越英吉利海峡攻打英国的计划却从未能实现。拿破仑能够作为陆地上的皇帝,但是在海上,却始终无法战胜英国这个对手。

英国和奥地利、普鲁士、俄国还接连不断地结成反法联盟,想要将法国置于死地。拿破仑却总能出奇制胜,击败数次反法联盟,并创造了乌尔姆战役、奥斯特利茨战役、耶拿战役、瓦格拉姆战役等经典辉煌的胜利,这些战役发生地的名称也都被作为巴黎的地名、地铁名,成为法国人的永久记忆。

拿破仑的野心不断增大。1812 年,他率军远征俄国,但遭遇惨败。这次远征也成为他由胜转败的转折点。俄国随即组织了第六次反法联盟,并在莱比锡大败拿破仑,盟军进而攻占了巴黎,迫使拿破仑退位。法兰西帝国结束。虽然拿破仑在此后还复辟了一次,但最终还是兵败滑铁卢,彻底结束了他的军事和政治生命。

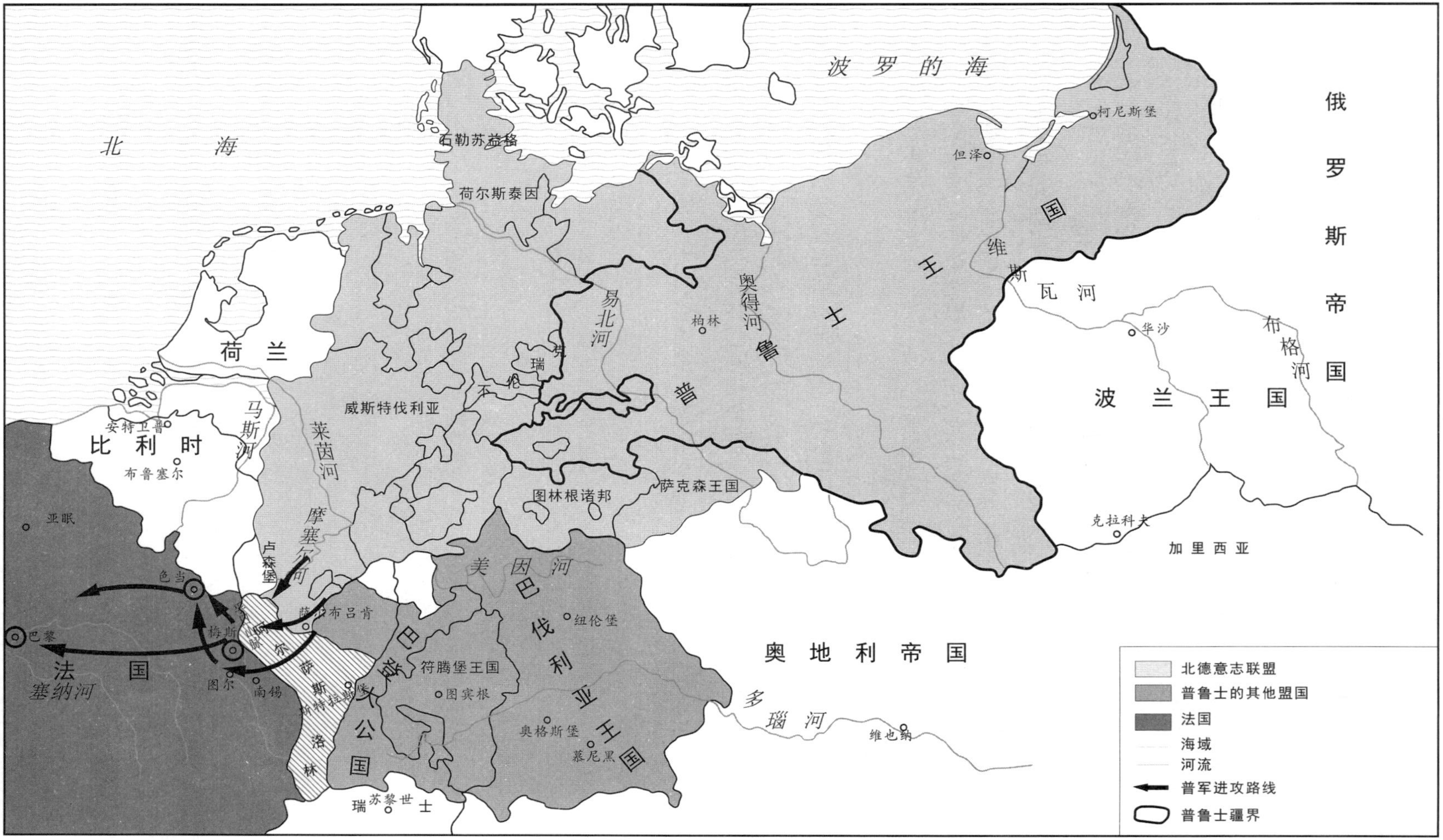
俄罗斯帝国
波罗的海
北海
柯尼斯堡
但泽
维斯瓦河
布格河
华沙
波兰王国
克拉科夫
加里西亚
普鲁士王国
奥得河
柏林
易北河
石勒苏益格
荷尔斯泰因
荷兰
比利时
安特卫普
布鲁塞尔
马斯河
莱茵河
威斯特伐利亚
瑞
伦
萨克森王国
图林根诸邦
摩塞尔河
卢森堡
美因河
巴伐利亚王国
纽伦堡
奥格斯堡
慕尼黑
符腾堡王国
图宾根
巴登大公国
萨尔
阿尔萨斯
洛林
梅斯
南锡
图尔
色当
亚眠
巴黎
法国
塞纳河
瑞士
苏黎世
奥地利帝国
多瑙河
维也纳
北德意志联盟
普鲁士的其他盟国
法国
海域
河流
普军进攻路线
普鲁士疆界

图 49 普法战争

49．第二帝国与普法战争

拿破仑的帝国覆灭不到半个世纪，他的侄子拿破仑三世又建立起了法兰西第二帝国，并于1851年从东南方的邻国那里取得了尼斯和萨伏伊，是50年来法国领土的一次大扩展。但在面对东面邻国普鲁士时，情况却变得很不妙，因为这个邻居正在全力快速地变为一个大国。

普鲁士为了统一德意志，先后击败了丹麦和奥地利。为了进一步获得大陆霸权，下一个对手就是法国，因为保持多年大陆霸权地位的法兰西第二帝国极力阻止德意志的统一，还不断窥探莱茵河左岸的土地。

为了开战，普鲁士需要找到一个借口。于是1870年7月，普鲁士在首相俾斯麦的策划下，制造了一份挑衅法国的电报，成功地触怒法国。六天后，法国对普鲁士宣战，普鲁士成功地扮演了一个无辜受害者的形象。

普鲁士早就预料到，法国发动攻击一定会选择阿尔萨斯-洛林地区，因为这里与德国接壤，并且是法国梦寐以求想要夺得的土地。但是进攻这里的话，军队会被孚日山脉分隔开来。因此普鲁士决定不主动进攻，以利用自然优势。

7月底，法军集中兵力20多万迅速向东部国界进发。而普鲁士则领导北德意志联邦以及巴伐利亚、巴登-符滕堡等邦国参加战争，共计40万人。从8月初开始，法军侵入莱茵河地区的萨尔布吕肯，但同时普鲁士军队也攻入法国境内，连败法军。法军在普鲁士军的强大攻势下，不得不节节败退，退守到梅斯。8月底，普鲁士军开始围攻马斯河右岸的色当。

9月1日，普鲁士切断法军西撤的道路，在当天中午完成对法军的包围，开始以强大的炮火进行攻击。法军数次突围失败后，拿破仑三世不得不选择投降。他于当日下午派人将请降书送达普鲁士国王威廉一世手中。第二天，拿破仑三世率领所有官兵正式向普鲁士投降。

色当之败和皇帝投降的消息传到巴黎，立刻在巴黎引发政变，第二帝国被推翻，成立了法兰西第三共和国。但是普鲁士仍然决定将战争继续下去，向巴黎进军，不久即围困巴黎。这场围困长达 4 个月之久，而各地的法军又陆续遭到失败。到 1871 年 1 月底，法国政府与普鲁士签订了巴黎投降的条约，普鲁士军队开进了巴黎，一直到 3 月才离开。

这场战争不仅导致了第二帝国的垮台，更使法国失去了在欧陆的霸权。法国不仅没能获得阿尔萨斯-洛林，还必须赔偿普鲁士所有损失高达 200 亿法郎，这严重阻滞了法国的经济发展。但是在普鲁士一方，却借助几次大规模战争不断壮大，德意志帝国最终于 1871 年 1 月诞生了，地点充满了讽刺，是在法国凡尔赛宫的镜厅。这为此后双方的矛盾又埋下了严重的隐患，普法战争以后的法国一直想要报仇雪恨，开始寻求盟国支持，终致一战爆发。

50．巴黎之二——奥斯曼的城市改造

第45节谈到巴黎在启蒙时代以前的发展历程，而在此之后，现代巴黎的形成，则主要经过了两件大事，一个是法国大革命和拿破仑的改造，另一个则是奥斯曼的改造。

法国大革命爆发以后，随着权力的转移，巴黎的面貌也发生了巨大的变化。中世纪巴黎的大量教堂和修道院被拆毁，代之以象征共和的建筑物。最明显的就是巴黎最古老的圣殿——圣热内维耶芙教堂被改造成了先贤祠，从过去祭祀巴黎保护神转向了对伟人的崇拜。皇家广场上的国王像被推倒，如胜利广场上树立起一个尖塔，而旺多姆广场上则竖起罗马式的圆柱。路易十五广场也更名为协和广场，以香榭丽舍大街连向西北方向的星形广场，而星形广场上则修建了巴黎的重要标志——凯旋门。

拿破仑对于巴黎的变化起到了莫大的作用。他以自己取得胜利的战役为巴黎的街道命名，如金字塔街、乌尔姆街、奥斯特利茨大街等等。他还为巴黎修建了证券交易所、马德莱娜教堂等等古典主义的规模宏大的建筑，在大理石上刻下他所取得的辉煌。在民生方面，拿破仑为巴黎增添了中央菜市场、屠宰场、葡萄酒市场等一大批市场，他还开凿了乌尔克运河，将塞纳河与其他运河连通起来，方便了巴黎与外省的水路交通。

破仑三世创建法兰西第二帝国后继承了拿破仑的愿望，继续将巴黎打造成帝国之都。为此，他起用了富有才能的奥斯曼男爵。1853年，奥斯曼男爵被任命为巴黎地区的最高长官，负责改造巴黎，从而在此后的近20年间进行了西方城市史上最为剧烈的城市变革。

奥斯曼对巴黎城区进行了全面的改造。他扩建了里沃利大道、塞巴斯托波尔大道和圣米歇尔大道这几条主要的道路，并使它们穿过市中心

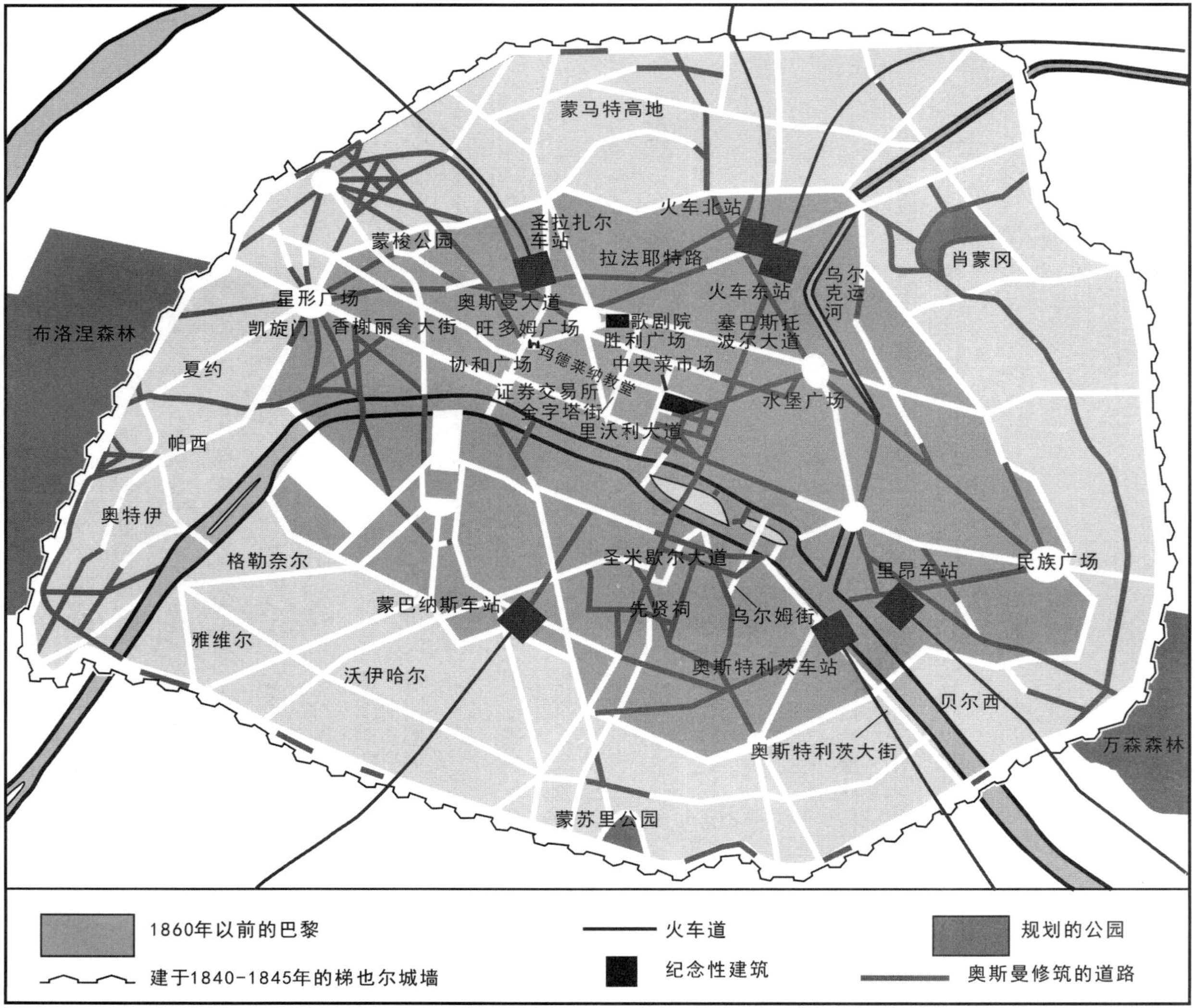
蒙马特高地
火车北站
圣拉扎尔
车站
蒙梭公园
拉法耶特路
肖蒙冈
乌尔
克运
河
火车东站
星形广场
奥斯曼大道
歌剧院
胜利广场
塞巴斯托
波尔大道
布洛涅森林
凯旋门
香榭丽舍大街
旺多姆广场
玛德莱纳教堂
中央菜市场
夏约
协和广场
证券交易所
金字塔街
水堡广场
里沃利大道
帕西
奥特伊
格勒奈尔
圣米歇尔大道
民族广场
里昂车站
蒙巴纳斯车站
先贤祠
乌尔姆街
雅维尔
奥斯特利茨车站
沃伊哈尔
贝尔西
奥斯特利茨大街
万森森林
蒙苏里公园
1860年以前的巴黎
建于1840-1845年的梯也尔城墙
火车道
纪念性建筑
规划的公园
奥斯曼修筑的道路

图 50　现代巴黎

成为连通东西和南北的大动脉。为了系统地重塑巴黎的道路，奥斯曼破坏了大量传统街区，这成为他广受诟病之处，被认为是廓清道路障碍，以有利于政府军队的快速进入，从而杜绝巴黎革命者所热衷的街垒战。但是，道路的开阔便利了巴黎市区的人群和商业流通，也极大改善了城市的卫生状况，交通和城市面貌都得到改进。

配合道路的整修，奥斯曼要求沿街进行地产开发，但对新的房屋立面有严格的要求：由统一的石灰岩材料建筑，不能超过 5 层楼的高度，屋顶阁楼要有 45 度的坡度，这就开创了名扬世界的奥斯曼特色的巴黎公寓。

奥斯曼提倡“美化巴黎”，他在市内多处设置了育植园作为林荫大道的配套工程，以供应所需的大量树木，还增加了两座城市森林：万森森林和布洛涅森林。巴黎由此成为“绿色城市”。奥斯曼为道路提供了路灯、公厕、长椅、遮篷、凉亭、垃圾箱、喷泉式饮水器等，很多至今仍然立于巴黎街头。公共厕所，商品亭、书报亭也被建立起来供应路人之需。城市里还设立了一批给路面自动洒水的设置，有利于城市保持清洁，这些匠心独运的城市景观既方便了行人，也给巴黎披上了现代的外衣。

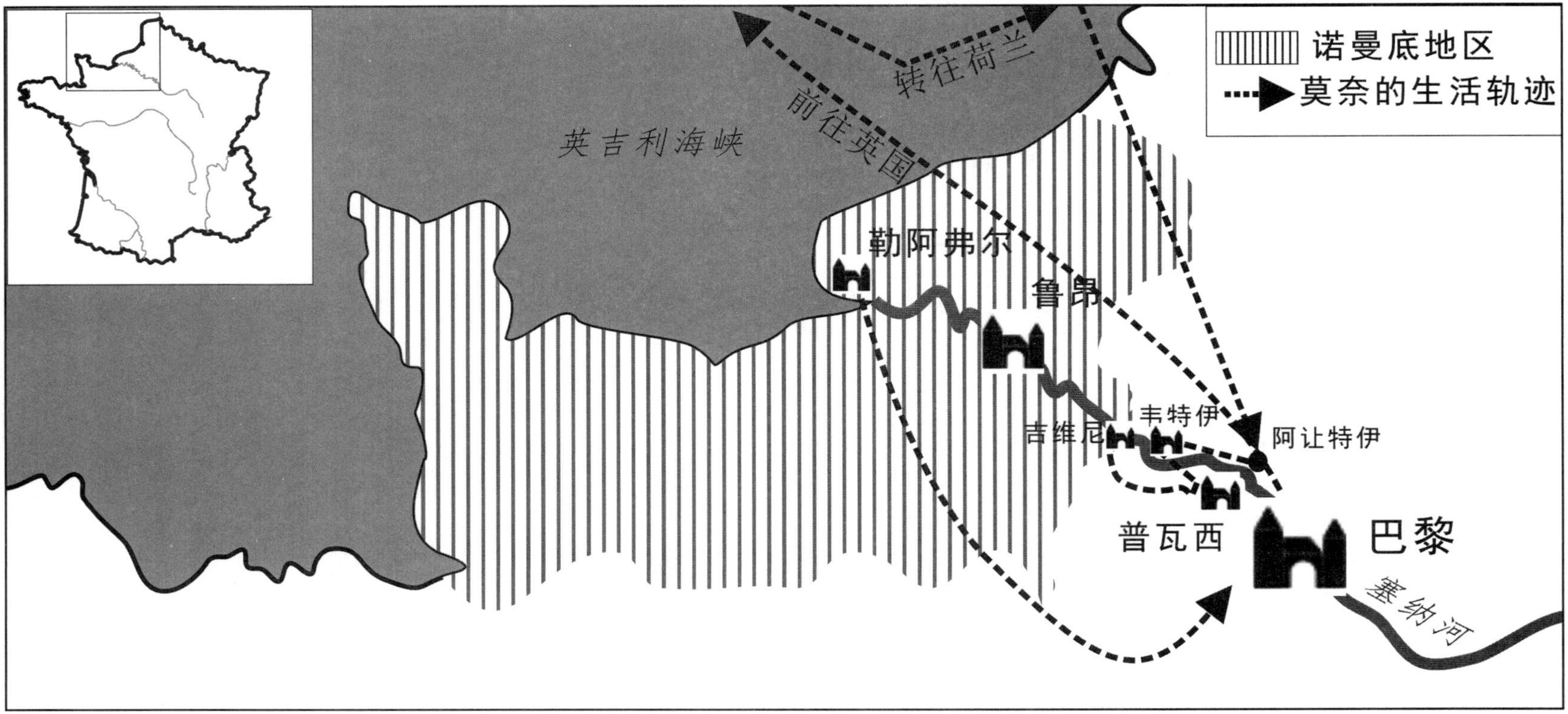

图 51　莫奈的生活轨迹

51. 印象派的法国

1874年，画家莫奈创作了名为《印象·日出》的油画，其光彩变幻的斑斓和朦胧虚幻的效果，都给当时的法国画坛带来了极大的冲击，甚至被当时的学院派艺术评论家嗤之以鼻，讽刺为“印象派”，但从此这个名称就成为一个画派的标志。

早在19世纪60年代，法国就出现了一批志同道合的画家，他们作品大都是对日常生活中的平凡事物进行描绘，并有一个共同的特点，就是非常强调光影的变化。可以说，他们改变了过去在室内作画的习惯，将画室搬到了大自然里，观察阳光对物体产生的色彩效果，以及在人的视觉中造成的印象。这样往往得到很奇特的效果，光彩的变幻程度明显加剧，而光线和色彩之间的关系也就成为印象派画家所追求的目标。他们将重心也从传统的素描和透视转向研究光线构成，以求更准确地把握色彩的使用。

这些艺术家群体主要由马奈、莫奈、德加、雷诺阿、毕沙罗等人构成。1863年，马奈的《草地上的午餐》展览，轰动一时，成为争议极大的作品。从此，这批志同道合的艺术家就经常聚在巴黎的咖啡馆里谈论艺术，交流想法，探求革新，并在1874年共同举办了展览，宣告了印象派的诞生。这些画家大都生活于巴黎，但追求室外写生又使他们各奔东西，他们的行程却又都在画作中表现出来，成为法国一个时代的记录。

其中马奈(1832—1883)最为年长。马奈的活动基本上在巴黎市区，画了大量巴黎的街景，可以说比较忠实地记录了当时的巴黎城市面貌。《插满旗帜的莫斯尼尔街》成为他具有代表性的作品。马奈也大量描绘了咖啡馆、酒吧的场景，表现了巴黎的城市社会生活，以及众多以女性为主角的肖像画。德加、雷诺阿和毕沙罗也都是长期居住在巴黎市区，德加创作了大量芭蕾舞演员和赛马为主题的画作，雷诺阿的《磨坊舞会》和《船上午宴》，毕沙罗的《蒙马特大道》都是对巴黎城市的写照。

莫奈（1840—1926）最为成功，他的行程也更为曲折。他出生于巴黎，幼年是在诺曼底的勒阿弗尔度过的。22 岁时他到巴黎开始了印象派画家的生涯。1870 年普法战争期间，他到英国伦敦避难，次年又到荷兰，但都没能打开事业的局面，于是又回到了法国，结了婚并居住在巴黎西郊塞纳河边上的小镇阿让特伊（Argenteuil），正是在这个自然风光生机无限的环境里，莫奈创作了大量作品。1872 年他以勒阿弗尔为背景创作了《日出・印象》，轰动一时。1878 年莫奈一家搬到了韦特伊（Vetheuil）与朋友一家合住，不久莫奈夫人去世，1881 年他们又搬到了普瓦西（Poissy），但莫奈并不喜欢这里，两年后又搬到了诺曼底地区厄尔省的吉维尼（Giverny），在这里他有一个大花园，莫奈余生都是在这里获取灵感和进行创作的，其中包括《鲁昂大教堂》和《睡莲》等名作。

52. 美好时代

普法战争结束以后，法国进入到一个相对和平的时代，从这时起一直到第一次世界大战爆发前，尤其在巴黎出现了一段文化极其繁荣昌盛的时期。这一时期又被称作“美好时代”。

1889年，巴黎举办了世博会，最辉煌壮观的成果莫过于埃菲尔铁塔。钢铁材料显示了工业时代的迅速发展，而现代主义的设计则表现出对科学和技术的崇拜。19世纪末的法国，制造出了标志、雷诺、雪铁龙三大品牌的汽车，仅次于美国的汽车制造业；发明了米其林牌的充气轮胎；在航空业树立起先驱者的形象。电车、地铁、电话等等，都使这个时代成为大踏步向前的时代，法国人的消费欲望得到了极大的刺激和满足。

对新鲜事物的好奇促使世博会在法国连续举办，百货商店、音乐厅成为消费休闲的新场所，最为耀眼的则是1889年红磨坊在巴黎蒙马特尔的开放。到20世纪初，又出现了电影、留声机、收音机等新发明，极大激发了人们的艺术天才和兴趣，法国的文化时尚也流传到了全世界。

当然，“美好时代”的巴黎成为世界文化之都，来自世界各地的文学家、艺术家都涌入巴黎，加入到这个时代的创造中。用英语写作的作家们，如海明威、菲茨杰拉德、格特鲁德·斯坦因、乔伊斯、亨利·米勒等，在巴黎创作了大量的现代主义文学作品，向人们展现出这个疯狂时代的精神追求。他们经常在巴黎的酒吧聚会，通宵达旦地畅饮、狂欢，巴黎激发了他们的灵感，而他们也为巴黎奉献了最华丽的篇章。

在这里流连忘返的还有各种画家、雕塑家、音乐家、舞蹈家，来自美洲的黑人萨克斯手和探戈舞蹈演员经常光顾蒙马特尔，使这里成为爵士乐的演奏中心。尤其需要提到的是约瑟芬·贝克尔，她是个来自美国的

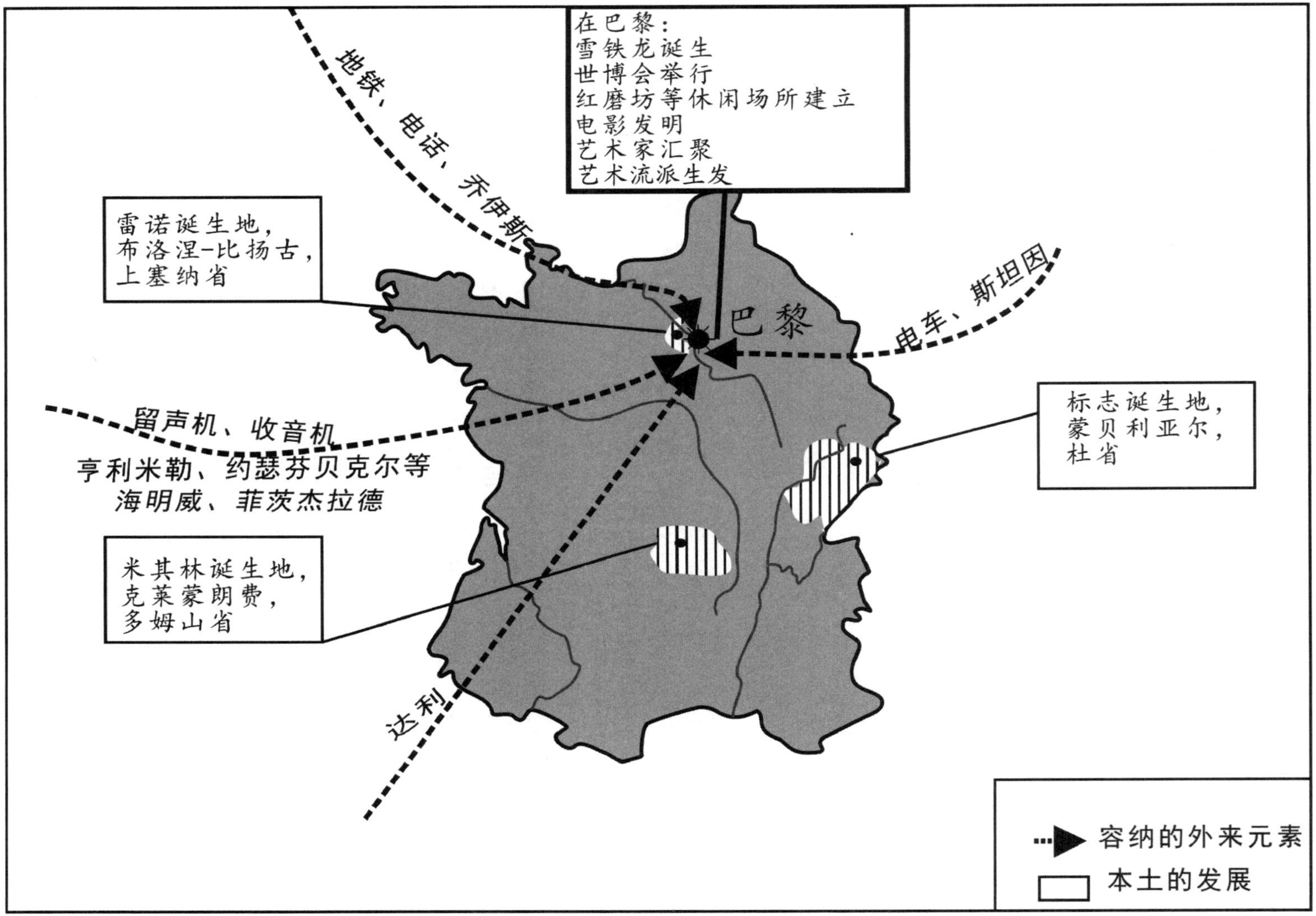
在巴黎：
雪铁龙诞生
世博会举行
红磨坊等休闲场所建立
电影发明
艺术家汇聚
艺术流派生发
地铁、电话、乔伊斯
雷诺诞生地，
布洛涅-比扬古，
上塞纳省
巴黎
电车、斯坦因
留声机、收音机
亨利米勒、约瑟芬贝克尔等
海明威、菲茨杰拉德
标志诞生地，
蒙贝利亚尔，
杜省
米其林诞生地，
克莱蒙朗费，
多姆山省
达利
容纳的外来元素
本土的发展

图 52　美好时代

黑人舞蹈家，1925 年到巴黎演出，引起了极大轰动，一举成名。她的特点就是极具诱惑力的异国舞蹈，体现出美洲丛林的自然气息和野性的美感，这些为她赢得了巴黎。但她的出名还在于二战期间参与法国抵抗运动，从而赢得法兰西民族的尊重和热爱。与贝克尔一道来到法国并成名的黑人艺术家还有许多，这些人在祖国时却并非那么有名。

使法国名扬天下的还有众多文艺流派的争芳斗艳。塞尚、高更发展起了后印象派，来自西班牙的达利则开创了超现实主义的绘画，马蒂斯的野兽派，毕加索的立体派，此外还有未来派、抽象主义等等，使得这时期的法国艺术界令人眼花缭乱。

美好时代充分体现了法国文化的世界性，正是这种有着很强包容性的文化，吸取了世界各国文化的精髓，并创造出一个达到文化巅峰的时代。

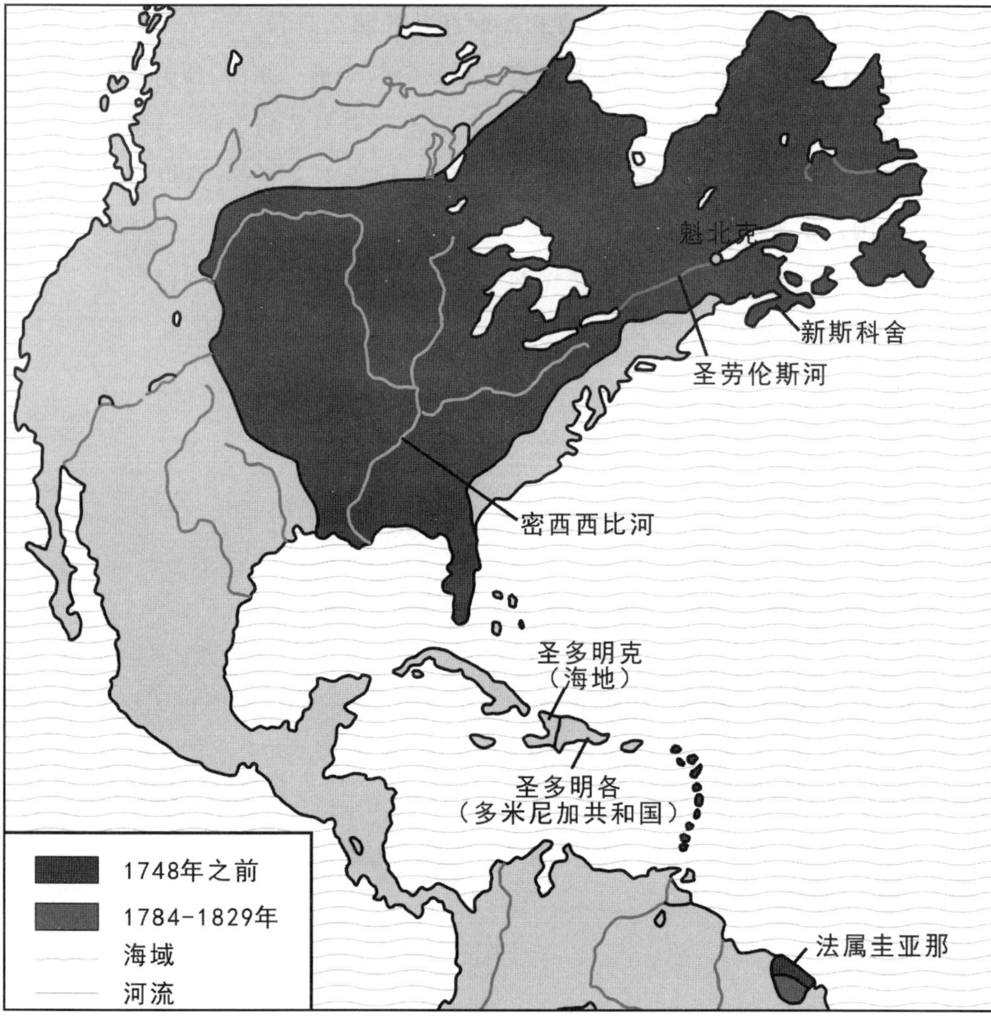

图 53-1　法国获取的殖民地(新大陆)

53. 法兰西殖民帝国

法国的殖民史要追溯到16世纪在新大陆的扩张，尤其是在加拿大东海岸的纽芬兰一带。1605年，法国在加拿大东南部的新斯科舍建立港口，几年后又进一步建立魁北克城，并将势力发展到圣劳伦斯河河谷。这些地方逐渐发展成毛皮贸易的殖民地。法国将在新大陆新获得的土地又称作新法兰西。法国对在这里进行开发的兴趣并不如英国，因此，其在美洲的殖民地发展也比较缓慢。即使如此，到17世纪末法国在新大陆还是扩张到了密西西比河流域。同一时期，法国也在非洲和亚洲进行殖民。1624年，它在西非的塞内加尔建立了首个贸易站。在孟加拉的金德讷格尔、印度的本地治理等地也建立了贸易商站。

到18世纪中叶，法国与英国的斗争愈加激烈，不仅在欧洲范围，也扩展到了整个世界范围。此后的半个多世纪里，伴随着一连串的战争如奥地利王位继承战争、七年战争、拿破仑战争，法英两国的殖民地也各有得失。法国的损失较大，被迫割让了美洲和印度的一部分殖民地。拿破仑上台后大力发展海外扩张和殖民，但其失败也让法国的殖民地丧失殆尽，尤其是南美洲的法属圭亚那，西非的塞内加尔，都被划归英国。

拿破仑全球帝国梦想虽烟消云散，但法国并不甘心，力图东山再起，再造一个殖民帝国。1830年，法国征服阿尔及利亚，此后更是不遗余力地在非洲扩张，将其势力在北非从阿尔及利亚向东扩展到突尼斯、利比亚一带，在西非则将毛里塔尼亚、塞内加尔、几内亚、马里、科特迪瓦、贝宁、尼日尔一直到中非的刚果都纳入自己的势力范围，在东非也霸占了北边的吉布提（当时称法属索马里）和南边的马达加斯加一带的海岸。

法国对东方的憧憬令其不断向东探索和扩张。19世纪80年代的中法战争使其获得了越南和柬埔寨，以此为基础建立起法属印度支那，

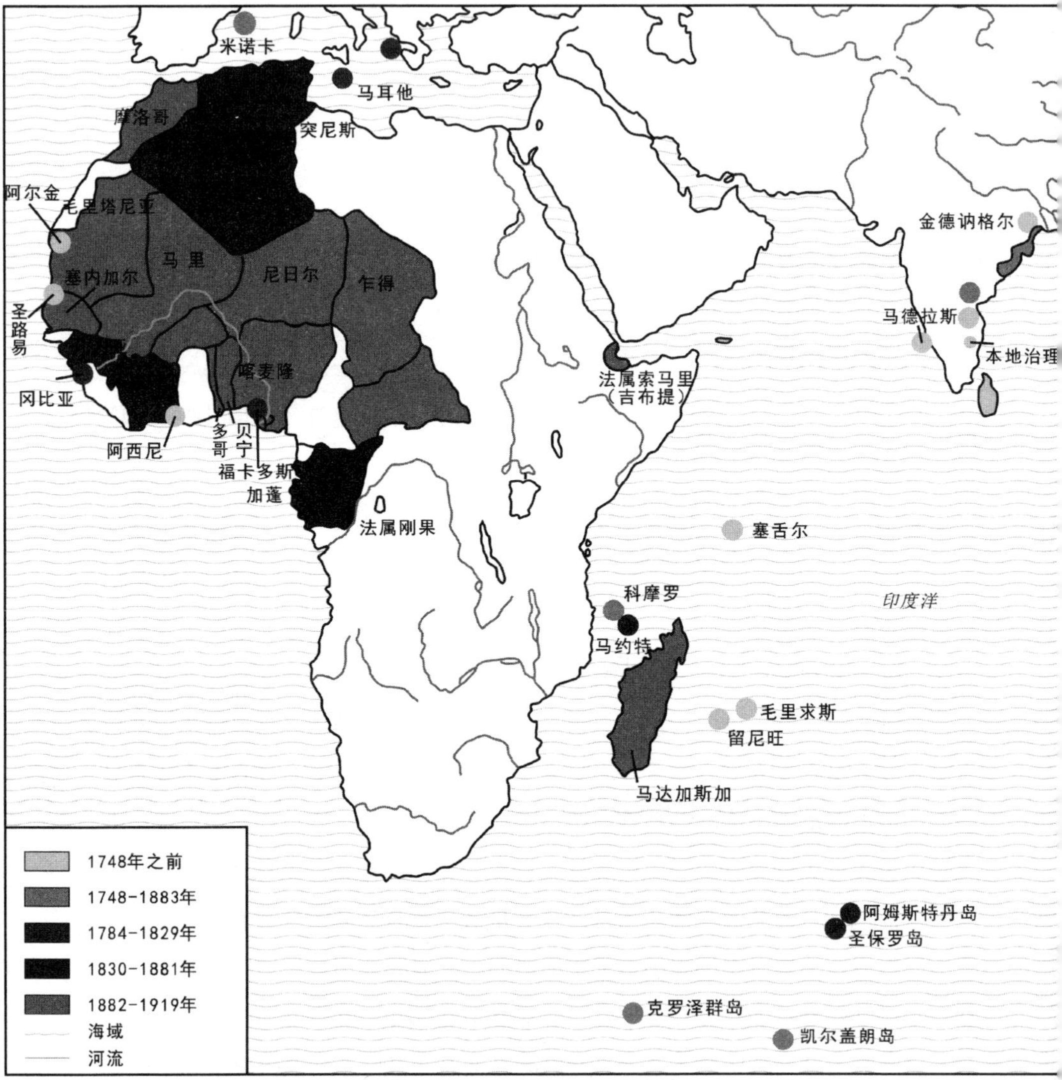

图 53-2　法国获取的殖民地(旧大陆)

保证了其在东南亚的殖民统治。在中国的上海、广州等地，法国也获得了租界，给这些地方染上了浓郁的法国文化色彩。

18世纪末，库克船长在南太平洋的发现开启了欧洲各国在这里的角逐。法国囊括了新喀里多尼亚、法属波利尼西亚的群岛、新赫布里底群岛等(参见图59)。其中，波利尼西亚群岛中的塔希提岛给予了法国印象派画家高更美妙的灵感。

到一战以后，法国的全球殖民帝国达到了巅峰。它还将奥斯曼帝国在近东的领土、德国的喀麦隆和多哥划入自己的势力范围，在西非则建立了庞大的法属西非。直到二战期间，这个殖民帝国才逐渐瓦解。二战以后，随着非殖民地化运动的兴起，法国的殖民地纷纷走向独立，越南、阿尔及利亚成为典型的例子。

虽然到今天这个曾经的殖民帝国只剩下不到以前的1%的殖民地，但是，法国的语言和文化仍然留在世界上许多曾经被其控制过的地方。

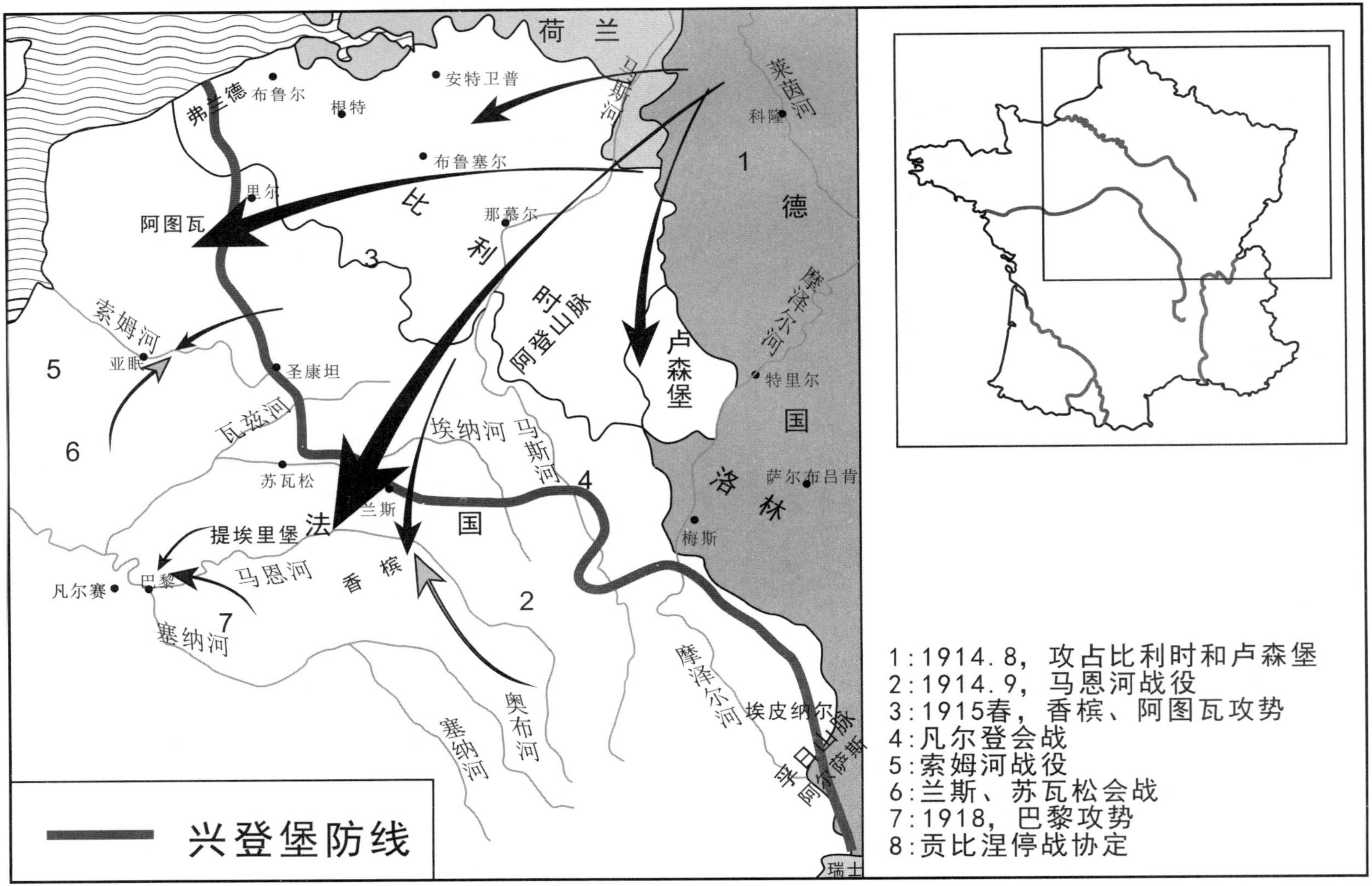

图54　第一次世界大战的西线战场

54. 第一次世界大战的西线战场

第一次世界大战，这场最初由巴尔干危机引发的战争，迅速将整个欧洲抛入了炮火之中。欧洲逐渐分成了两个军事集团，一方是德奥等同盟国，另一方是英法俄等协约国。

法国与德国的新仇旧恨也借机一齐迸发。早在19世纪70年代，两国争夺欧陆霸权爆发普法战争，法国大败，被迫割让阿尔萨斯和洛林，并赔偿巨款，一直对德国怀有怨恨，想要夺回失地。因此一场战争肯定不可避免，只是没有人料到它会以"世界大战"的形式出现。

1914年，奥匈帝国皇储在萨拉热窝被刺杀，旋即向塞尔维亚宣战。德国也跟着向俄国和法国宣战。第一次世界大战爆发。8月初，德军率先攻占卢森堡和比利时，压向法国北部，法军被迫后撤。9月，德国和英法联军在巴黎近郊的马恩河-凡尔登一线爆发战役，双方都没有占到便宜，德国想要速战速决解决西线的计划没能成功，战事进入胶着状态。

到1915年春，英法趁德军在东线作战，发动了香槟和阿图瓦两轮攻势，但没有成功。德军在反攻时使用毒气，双方损失更是惨重，总共伤亡160万人。

1916年春，德军趁东线压力减少，遂决定再在西线发动攻势，与法军发生了凡尔登会战。激战了7个多月，德军始终没能攻取凡尔登，但这场仗打到天昏地暗，血流成河，凡尔登被比作绞肉机、地狱。此后，英法联军与德军在索姆河一线爆发战役，英军投入使用坦克，但是在持续了5个月和伤亡100多万人后，双方仍未有所进展。

进入到1917年，美国对德宣战。协约国逐渐取得主动权。法国于4月份在西线展开春季攻势，同德国在兰斯和苏瓦松之间进行会战。法军在伤亡10万人后仍未有进展，发生了内部骚动，只剩下英军继续在西线作战，但是始终无法改变战事胶着状态。

同一年，东线的俄国因发生十月革命而退出战争，使德国得以集中全力对付西线战事。于是在战争的前四年都无法取得有效进展之后，德国决定聚集所有军力和资源在西线有所突破。1918 年上半年，德军在西线总共发动了 5 次大规模攻势。尤其是第三次攻势，成功突破了法军的防线，进入到距离巴黎不到 40 公里的地方，但是被英法联军死死牵住，没能彻底消灭对方主力。6、7 月份，最后两次攻势也是集中兵力攻打巴黎，但始终未能成功，每次人员损失都达 10 万以上。德军在军力和资源都消耗殆尽之后，只得退回到兴登堡防线，再没有力气进行新的攻击了。1918 年底，德国爆发十一月革命，德皇退位，成立了魏玛共和国，德国与协约国在法国东北部的贡比涅森林签订了停战协议，德军撤到莱茵河以东，并归还阿尔萨斯和洛林。一战结束。

这场大战对于法国和欧洲参战各国而言都是很大的损失，法国共伤亡 124 万，殖民地伤亡 10 余万。德国由于两线作战，伤亡 177 万人。这种大规模的伤亡是过去传统的战争所没有的，对 20 世纪初的人们来说相当具有冲击力，经过这场劫难，人们的思想和心态出现重大转变。

对于法国而言，终于得以为此前的耻辱雪耻，因此对德国要求极其苛刻，企图用巨额的赔款和严格的限制条款压垮德国，但也为 20 年后双方第二次对决埋下了祸根。

55. 二战中的法国

第一次世界大战，以德国的含屈受辱而结束，但也加剧了德法之间的矛盾和仇恨。

1920年，法国在与德国接壤的边界修筑了马奇诺防线，并与东欧许多国家结成小协约国联盟，以防止德、奥的再度崛起。然而，德国的复仇之心始终没有磨灭，一直在窥伺着机会东山再起。20世纪30年代，希特勒和纳粹党的上台，使德国走上了扩军备战的道路，然而英法两国却希冀一致对付苏联，因此以绥靖政策安抚德国，任由德国不断向邻国扩张，将奥地利和捷克斯洛伐克并入德国领土。

法国和英国的绥靖丝毫没有满足德国的贪婪，反而进一步刺激了它的贪欲。德国也没有领法国的情，对它而言，一战中被法国战胜的耻辱使自己卧薪尝胆。1939年，第二次世界大战正式爆发。德国首先攻击波兰，但是由于法国的绥靖，西线一直没有作战，被称作“奇怪战争”。

直到1940年5月，德军绕过马奇诺防线，从法国未曾预料到的阿登高地发动闪电攻击，迅速攻陷了法国北部大片土地。但是法国政府却没能组织起有效抵抗，一直守着陈旧的防御方式。德军首战告捷，迅速向西挺进。面对这种情况，法国军队溃散，平民逃难。到5月下旬，英法军队撤退到法国北部的海岸，在敦刻尔克撤到了英国，得以保存了一部分力量。

同年6月，投降派贝当出任总理，法国政府撤离巴黎，一直向南狼狈逃窜，最后在南方小城维希成立了傀儡政府，并宣布投降。签订停战协定也是在贡比涅森林当年签订一战停战协议的地方，对法国构成了讽刺。法国投降后，还积极配合德国的作战，为德国提供各种资源和便利。然而，这也没有求得德军止住前进的步伐，到1942年年底，德军还是伙

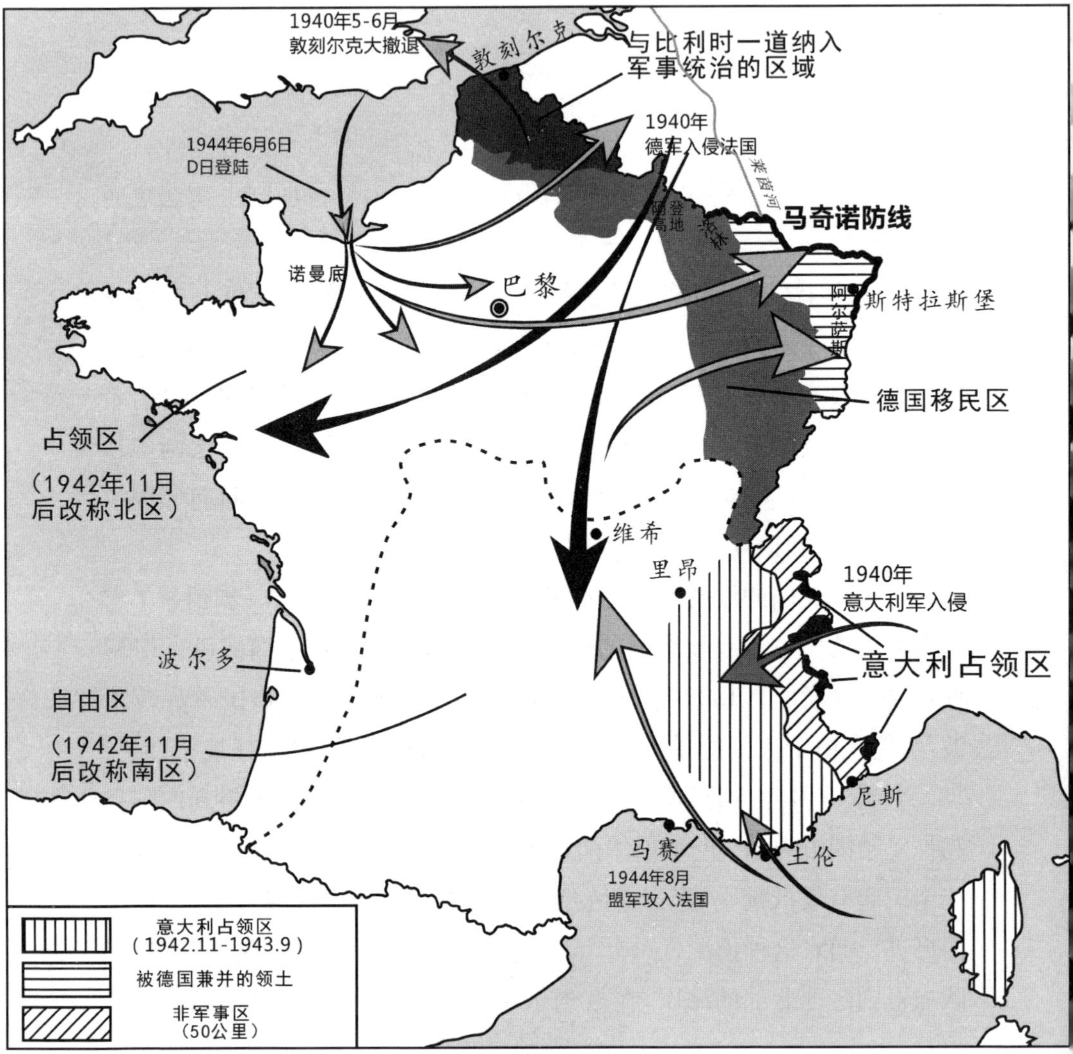

1940年5-6月
敦刻尔克大撤退
敦刻尔克
与比利时一道纳入
军事统治的区域
1940年
德军入侵法国
1944年6月6日
D日登陆
莱茵河
阿登高地
森林
马奇诺防线
诺曼底
巴黎
斯特拉斯堡
阿尔萨斯
德国移民区
占领区
（1942年11月
后改称北区）
维希
里昂
1940年
意大利军入侵
意大利占领区
波尔多
自由区
（1942年11月
后改称南区）
尼斯
马赛
土伦
1944年8月
盟军攻入法国
意大利占领区
（1942.11-1943.9）
被德国兼并的领土
非军事区
（50公里）

图55　二战中的法国

同意大利军队，一道攻占了法国南部。

与维希政府同时的，是戴高乐将军为首的抵抗运动。戴高乐 1940 年出走伦敦，开创了“自由法国”运动，积极利用非洲法属殖民地的力量。有法国国内抵抗运动的配合，“自由法国”运动在法国以外的地方，如阿尔及利亚，与德军交战并不断获得胜利，日益壮大起来。

到 1942 年底，英美盟军在北非登陆，戴高乐也在阿尔及利亚成立了法兰西民族解放委员会，领导法国抵抗运动在北非和地中海战场作战。而 1944 年盟军开始在西北欧开辟第二战场，在诺曼底登陆。从此，战争开始转移到了法国本土，被德国占领的地区依次光复。到 1945 年，法国从德国手中夺回了阿尔萨斯和洛林，盟军甚至越过莱茵河，在德国境内追击德军。5 月 8 日，在柏林举行了德国无条件投降仪式，法德代表相继签字。至此，法国终于洗清了二战之初的耻辱，为自己争回了名誉。

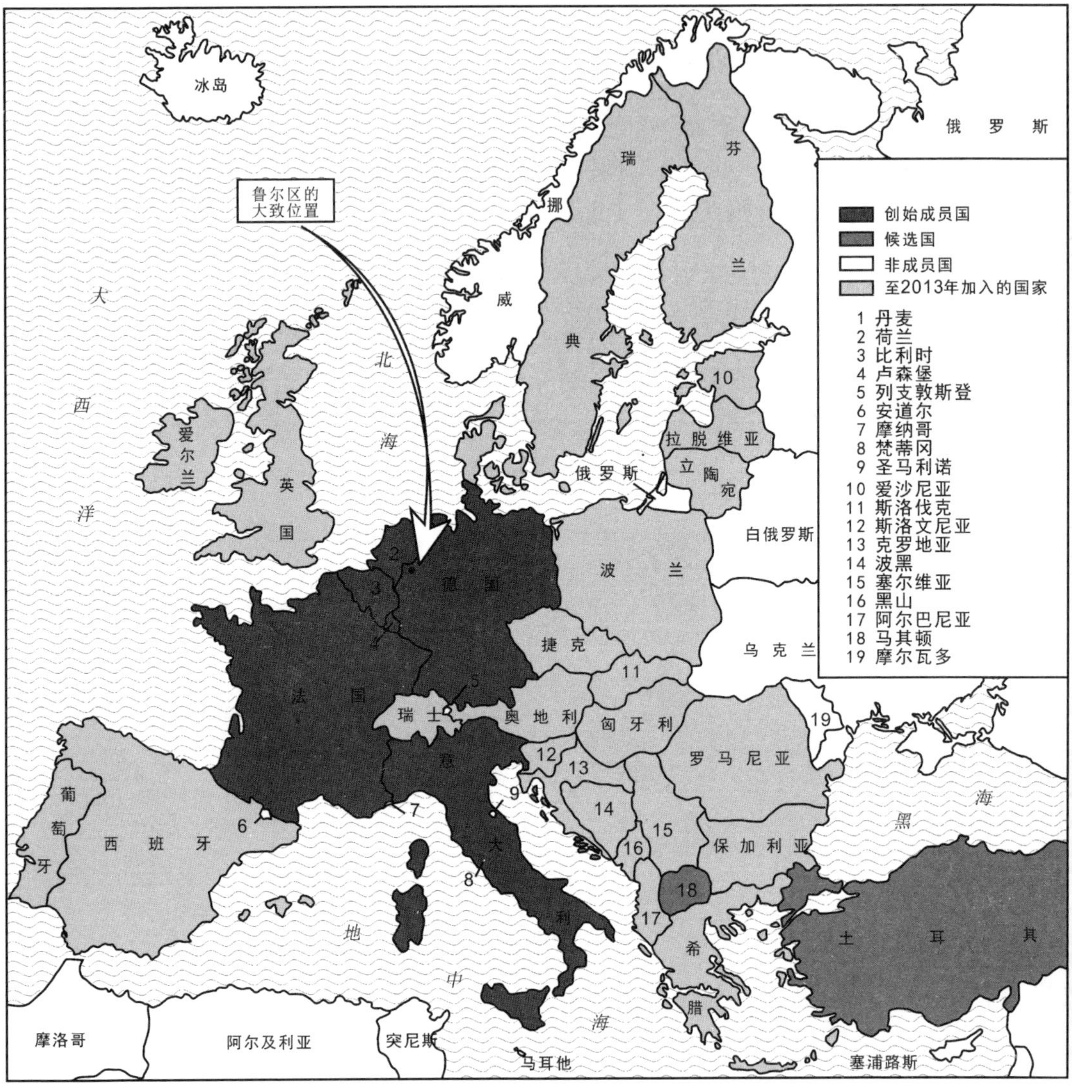

图 56　欧盟成员国(至 2013 年)

56．消弭纷争：从欧洲共同体到欧盟

从加洛林帝国的分裂开始，处在法德之间的阿尔萨斯和洛林地区(参见图 49)，就一直处在被争夺之中。在历史上法德两国为了获得这块地方没完没了地兵戎相见，类似于作家都德《最后一课》，也不仅仅只有法国版。两次世界大战中这里更是一再成为导火索。

阿尔萨斯-洛林地区和莱茵河岸下游地区，军事价值很大，因而成为兵家必争之地，而这里丰富的矿产资源，更是法德为之争夺的重要原因。如何很好地解决这个棘手的问题，避免战争悲剧的再次发生，成为二战以后两国政治家不得不认真思索的问题。

德国战败以后，其重工业受到了极大打击，莱茵河下游的煤炭开采区如鲁尔区等由国际共管。这仅仅是重复了一战之后德国受到的惩罚，纯粹的复仇并不能从根本上解决问题。1949 年 5 月，法国外交部长罗伯特·舒曼在演讲中提出了整合欧洲煤钢资源、建立工业共同体的计划，是为舒曼计划。在此基础上，法国、意大利、比利时、荷兰、卢森堡和西德签署了《巴黎条约》，于次年成立了欧洲煤钢共同体，接手对鲁尔区的管理，并且取消对部分德国工业生产的限制。

这时期的合作还主要是以经济方面为主。1957 年，《罗马条约》签署，成立了欧洲经济共同体和欧洲原子能共同体。至此形成了三个独立的共同体单位，各司其职，相互独立。

但是三大共同体合并的趋势越来越明显，为了更有效地整合资源和机构，各国于 1965 年达成协议，签订了《布鲁塞尔条约》，决定合并三大共同体的主要机构，统称为欧洲共同体，总部设在布鲁塞尔。从此，欧洲联合的步伐逐渐加快，欧共体也开始了扩张的进程。

20 世纪 70 和 80 年代，越来越多的欧洲国家申请加入了欧共体，共同体也不断向东扩张。

到1992年,欧洲联合又向前跨越了一大步。这一年,《马斯特里赫特条约》签署,第二年正式生效,由此完成了从欧洲共同体向欧洲联盟的过渡。欧洲联盟简称欧盟,拥有自己的议会、法院和理事会,并颁布了宪法。这意味着这个机构已不仅只有经济职能,更是向经济政治实体发展。欧洲中央银行也发行了作为共同货币的欧元,还将贝多芬的《欢乐颂》作为盟歌。至2013年,经过七次扩大,欧盟涵盖了28个国家,总人口超过4.8亿。

欧盟中的主要国家仍是法国和德国,两国经过风风雨雨,终于突破20世纪上半叶的战争,携手发展起来了以和平与发展为主旨的联盟。同殊死搏斗和争夺相比,共同开发利用是更好的一条解决途径。这个解决办法不仅协调了法德之间千余年没能解决的矛盾,更为欧洲的联合发展奠定了基础。

57. 阿尔及利亚的独立

第二次世界大战以后，法国的殖民地阿尔及利亚掀起了民族解放的斗争。阿尔及利亚在1830年沦为法国的殖民地，对于法国控制地中海有着非常重要的战略位置，而且在法国二战的光复中也起到了关键性的作用。阿尔及利亚还是法国的重要移民地，到20世纪中叶时有几十万的法国人在这里生活，这里的土地、石油等资源也使法国极其维护在这里的利益。

但是，作为阿拉伯民族和伊斯兰教信仰的地区，阿尔及利亚与法国始终有着龃龉和隔阂。在战后民族主义风起云涌的时期，这里也掀起了去法国化的运动。1954年底，阿尔及利亚组建了民族解放阵线，争取民族独立并建立一个以伊斯兰教为基础的国家，开始以武力反抗法国统治。阿尔及利亚的军事武装发展非常迅速，仅仅3年时间就发展起了数万人的部队，广泛分布在本土和周边邻国如摩洛哥和突尼斯，主要以游击战的形式进行斗争。

面对殖民地的叛乱，法国在阿尔及利亚投入了数十万军力，主要由精锐的步兵空降军和外籍军团组成，还有十几万的阿尔及利亚穆斯林。除了靠军队镇压，法国还将200多万生活在山区的阿尔及利亚人强行迁到平原地区，以防止他们支援游击队。

同时，法国还不断与阿尔及利亚进行谈判，但是面对坚决要求独立的阿尔及利亚，谈判毫无进展，战争的伤亡和耗费也不断地拖垮法兰西第四共和国。对于政府的无能，法国军方要求建立一个强有力的政权。1958年5月13日，阿尔及利亚的法国驻军和极端的殖民主义分子在阿尔及尔发动叛乱，要求戴高乐复出主政。戴高乐也不失时机地利用这次机会，组建了新内阁，并进而完成了向第五共和国的过渡。

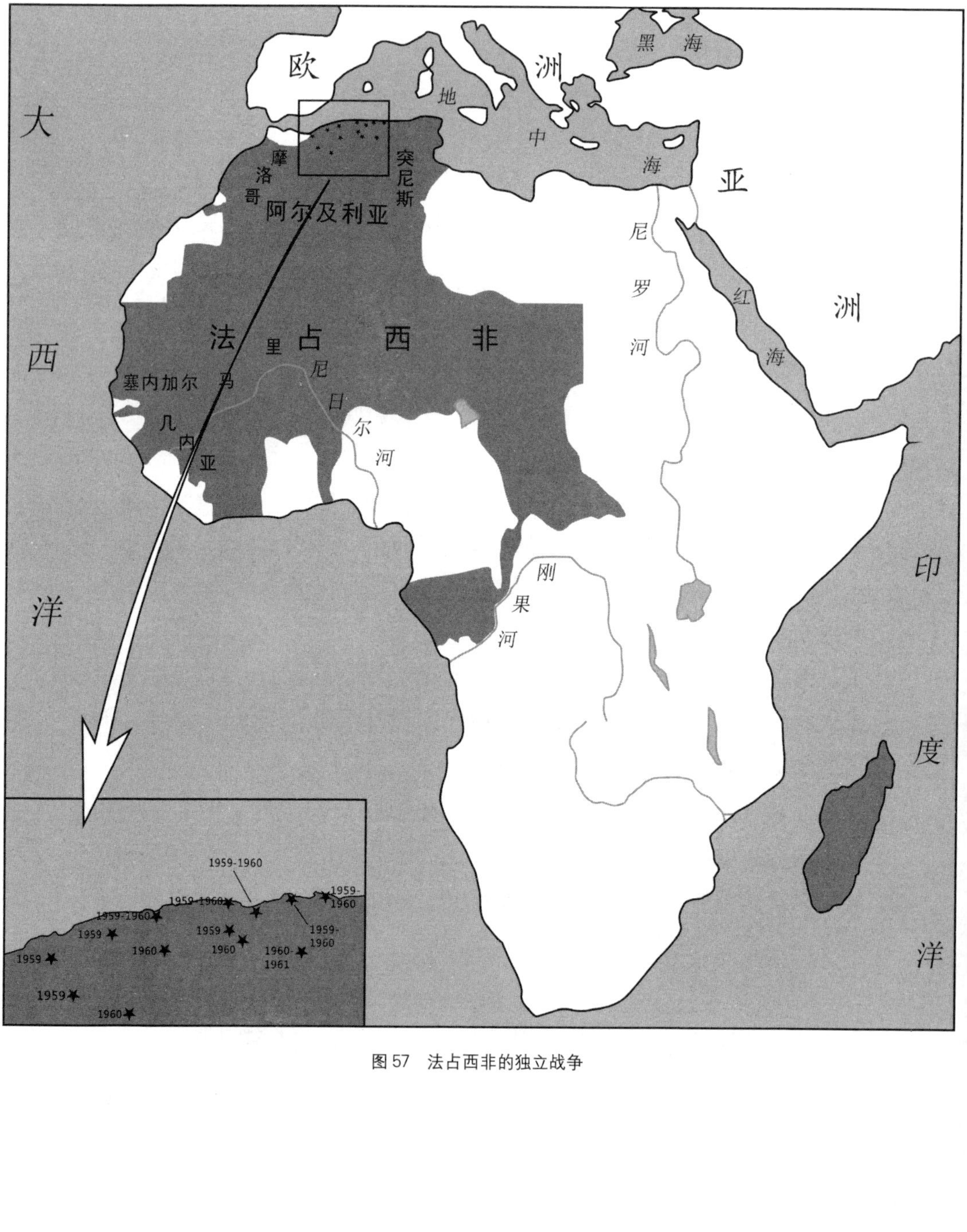

图 57　法占西非的独立战争

但戴高乐上台后，并没有按照殖民主义者们所希望的那样采取军事行动镇压殖民地斗争，而是向阿尔及利亚的独立迈进了一大步，于 1959 年宣布给予阿尔及利亚自决权。这遭到了殖民主义者的疯狂反对，他们认为被戴高乐出卖了，因此策划了叛乱、暴动乃至暗杀，但这些都没有阻止阿尔及利亚独立的进程。

到 1962 年 3 月，在法国东南部的小城埃维昂，法国终于与阿尔及利亚民族解放阵线签署了停战协议，同意阿尔及利亚举行公民投票决定是否留在法国。投票结果却是绝对性地支持独立，近 8 年的战争终于结束。超过法国本土面积四倍的阿尔及利亚殖民地终于挣脱了法国的控制，成为一个独立国家，法国的殖民体系也最终瓦解。

原来居住在阿尔及利亚的法国人，在 1962 年有近百万移民迁往法国本土，这个群体被称作“黑脚”，因为他们吸收了部分伊斯兰教文化。战争摧毁了他们的记忆和身份，使这个群体在法国饱受歧视和排斥，始终不为法国主流所接受，构成了一代人的悲剧。

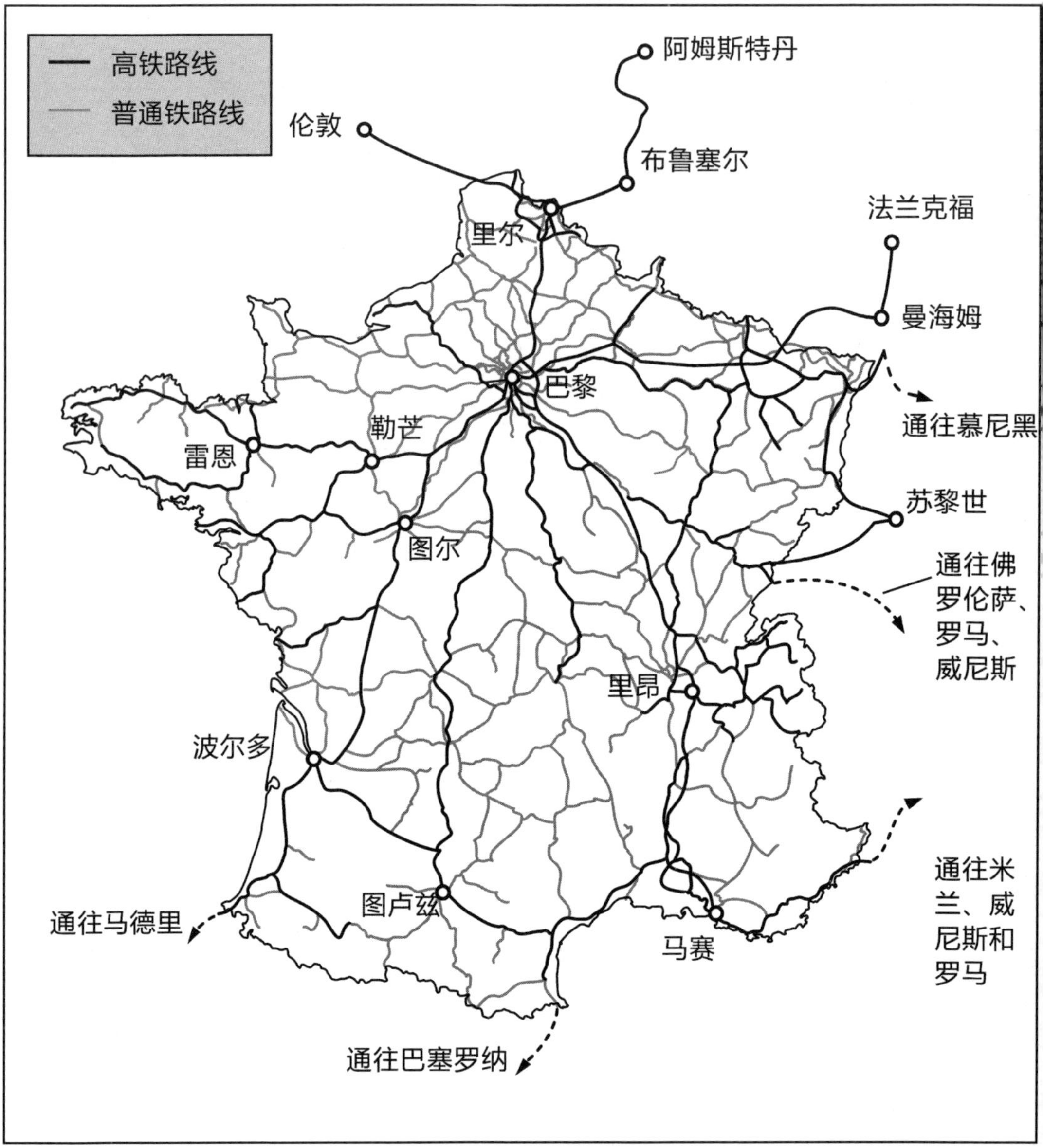

高铁路线
普通铁路线
阿姆斯特丹
伦敦
布鲁塞尔
里尔
法兰克福
曼海姆
巴黎
通往慕尼黑
勒芒
雷恩
苏黎世
图尔
通往佛罗伦萨、罗马、威尼斯
里昂
波尔多
通往米兰、威尼斯和罗马
图卢兹
马赛
通往马德里
通往巴塞罗纳

图 58　法国的高铁

58. 法国的高铁

在法国的国土上，纵横的铁路干线上驰骋着一辆辆高速火车，在世界上率先实现了铁路速度的飞跃。这种高速火车被称作 TGV(Train à Grande Vitesse)，意即“高铁”，是由阿尔斯通公司和法国国家铁路公司(SNCF)设计建造的，由后者负责运营。

法国建造高铁的设想始于 20 世纪 60 年代，虽然当时磁悬浮列车技术已经在研究开发中，但是法国高铁仍使用传统轨道技术。由于石油价格上涨，高铁的燃气涡轮发动机被电力发动机取代。第一款电力牵引的高铁于 1974 年被成功设计生产，而第一批生产的高铁于 1980 年出厂。

作为配套设施建设，法国政府于 1976 年开始修建高铁轨道线。首先是巴黎与里昂之间的东南线，这也是法国最大的两个城市，此前的交通运输早已饱和。1983 年东南线全线建成通车，两个城市之间的旅行时间由过去的 4 小时缩短了一半。东南线客运量迅速增长，收益良好，大大激发了法国修建高铁的积极性。

1989 至 1990 年，法国又建成了巴黎至勒芒和至图尔的大西洋线。向西往雷恩、南特和向西南往波尔多、图卢兹的铁路线也铺设完成。这条线路上的高铁是第二代，速度从每小时 270 公里提高到了 300 公里。

1993 年建成了北方线，从巴黎经里尔一条通往伦敦，一条通往布鲁塞尔、阿姆斯特丹，这也是一条国际高铁。巴黎到伦敦的线路比较特殊，采用了新研制的“欧洲之星”动车组，经过英吉利海峡海底隧道时会降至每小时 160 公里的速度。从此，巴黎到伦敦只需 2 个多小时即可到达。

到 21 世纪之交，还建成通往马赛的东南延伸线，只需 4 个小时即可到达。通往西班牙、意大利的地中海线，以及通往德国的东欧线也都陆续开通。巴黎到周边以及西欧各个城市的时间大大降低。

1804年蒸汽机车头被发明时，速度为每小时8公里，1825年的第一辆客用蒸汽车头速度为每小时25公里。如今，法国高铁的运营速度为每小时320公里，但最高速度可达每小时574公里，这是在2007年时创下的记录。

法国从19世纪下半叶开始修建铁路，到1928年为止，没有再修建过铁路。而从20世纪70年代开始修建的高铁，却在此后40年间创造了法国的运输革命。法国的高铁不仅使法国内部各地区的交通变得极其容易，更带动了欧洲各国，共同推动人员流动的高效化。

59．法国语言和文化的世界性

从路易十四时代开始，法语就成为欧洲宫廷和上流社会的通用语言，被标榜为地位、身份乃至文化品位的象征。20世纪下半叶，随着殖民地的纷纷独立，法国更是希冀用法语作为纽带，来挽回和保障自己在全世界的利益，一方面与英美文化抗衡，另一方面大规模推动法语的传播，在此基础上建立自己的文化帝国。

1962年，法国政界就在讨论建立起一个以法国为核心的法语国家联盟。此后法国政府不断推动这一进程，甚至还建立了“保卫和发展法语最高委员会”，并希望能最终从法语国家的联合发展成为一种政治的联合。这个想法也得到了非洲法语国家的支持。1965年底，突尼斯总统在西非国家访问时，也鼓吹建立法语国家的联合。1977年，塞内加尔总统桑戈尔也建议按照英联邦的方式实行法语国家元首和政府首脑的定期会晤。

密特朗在位的80年代，尤其致力于扩大法国在世界上的影响，发展法语国家联合的计划。1986年，40个法语国家元首在凡尔赛首次会晤。到2013年，参加了法语国家联盟的国家和地区共有57个，另外有20个观察员，其中使用法语作为官方语言或官方语言之一的有32个。

法国在欧洲各国普遍设有考古和研究中心，以推动法国文化的传播，在世界范围内也设有法国文化中心、法语学校等，并由国家给予大量资助和鼎力支持。创建于1883年的“法语联盟”机构在20世纪也不断在全世界进行语言和文化的推广，目前在全球有1 000多个机构，分布于130个国家和地区，在中国也有11处分支。这个机构的重要目标就是“维护文化的多样性”，其实也是希望在英美文化以外增强法国的影响力。

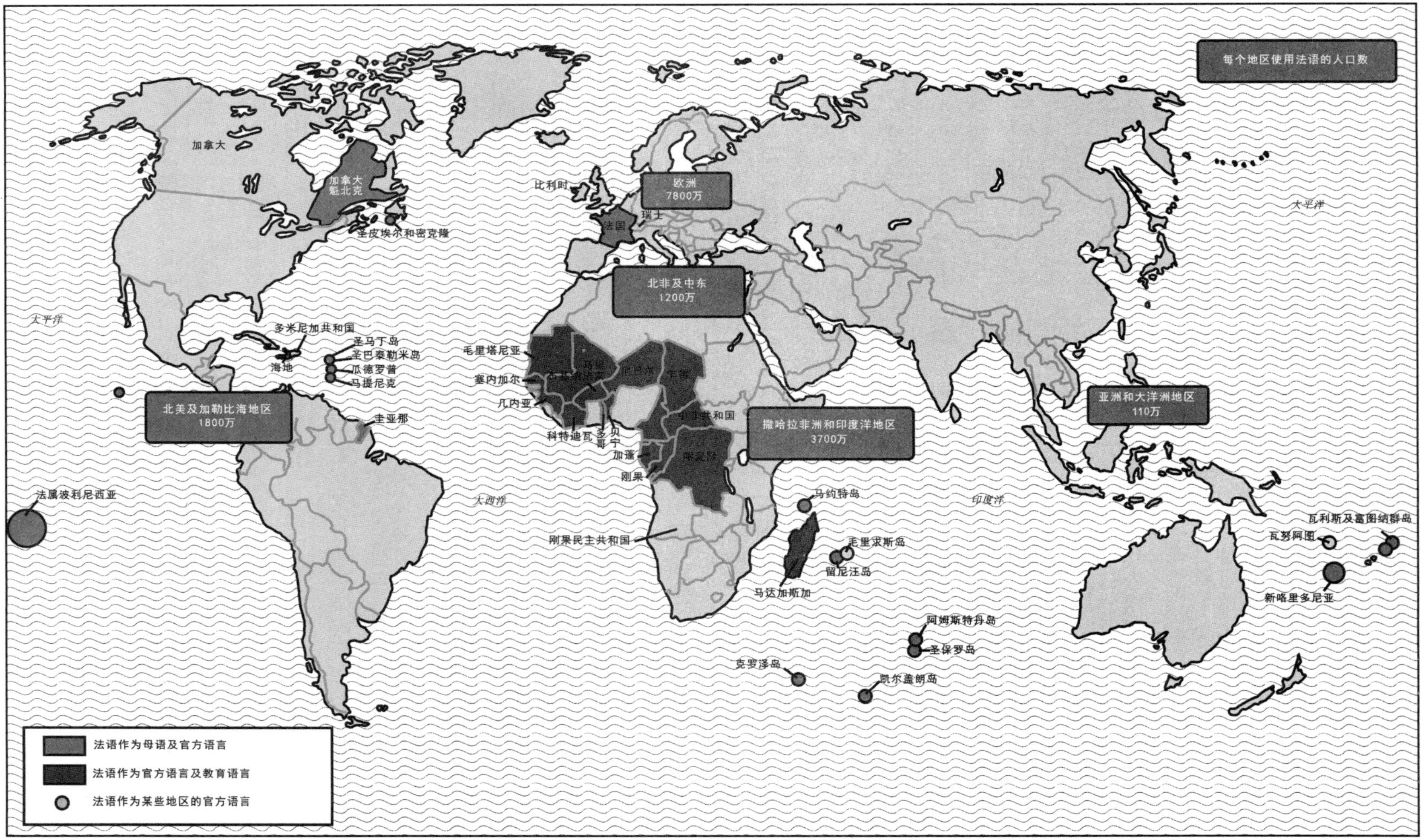

图 59　法语在全世界的使用

除了语言以外,法国还致力于在全世界推广法国文化。法国的哲学、电影、音乐、图书等,成为法国文化向世界各地传播的载体,充分体现着法国的软实力。20世纪后半叶的法国哲学家如萨特、福柯、德里达、鲍德里亚等等,在全世界范围内影响着思想界和知识生产。著名的法国戛纳电影节,也为世界多元文化的发展贡献很大,包容性强的法国电影也与好莱坞形成了鲜明的反差。

法国的时尚、品牌文化也成为一支生力军。法国的美食、葡萄酒、化妆品、时装等等,对于塑造法国在全世界的形象至关重要,法国在这个领域所努力打造的文化已经成为法国的核心竞争力。

此外,法国的荣誉军团勋章和骑士勋章都是创立于拿破仑时期,是法国政府颁发的最高荣誉。但是在戴高乐的倡导下也越来越颁发给外籍人士。法国以外获此殊荣的各界人士越来越多,这很有利于增强世界对法国文化的向心力及其影响力。

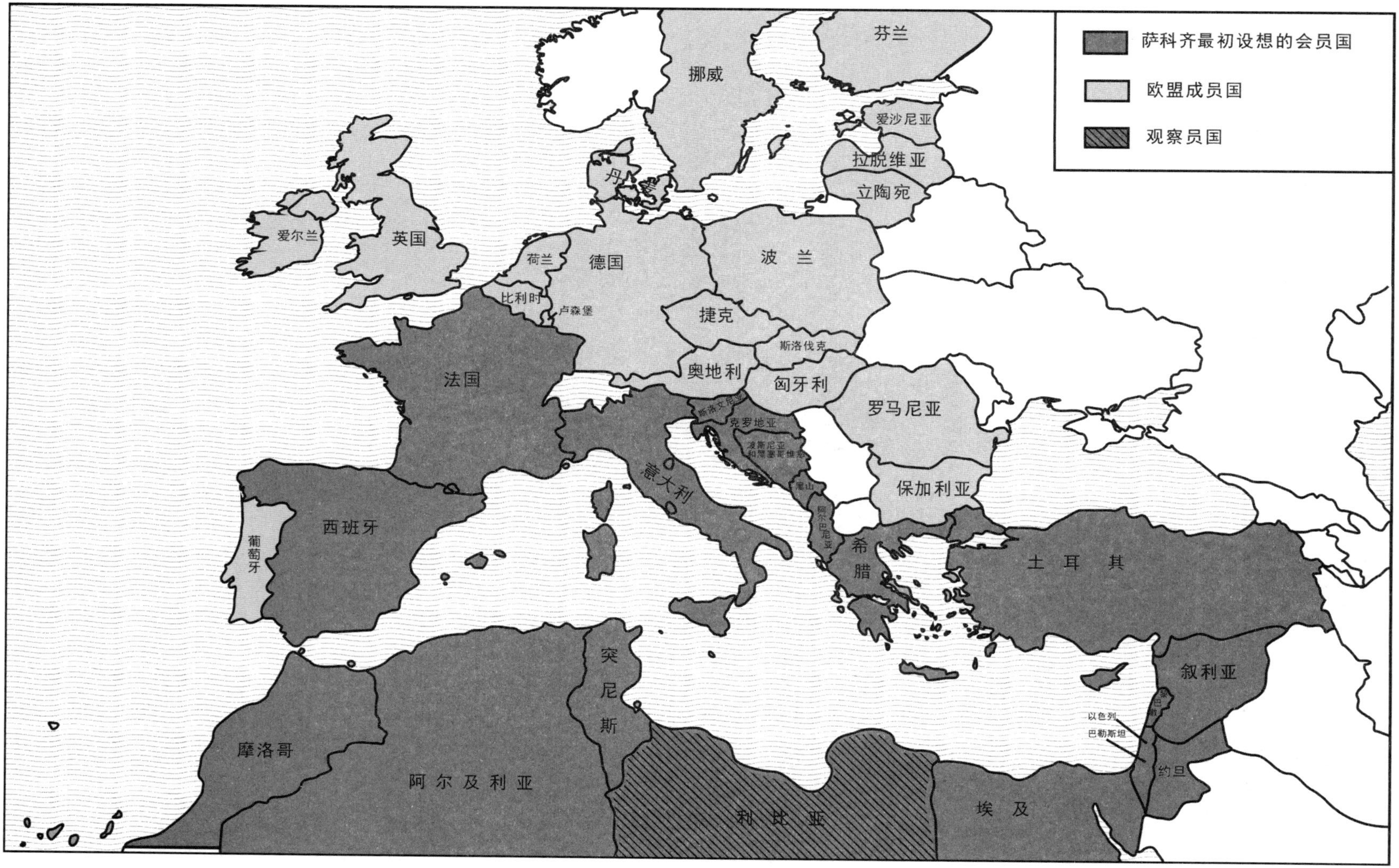
萨科齐最初设想的会员国
欧盟成员国
观察员国
芬兰
挪威
爱沙尼亚
拉脱维亚
立陶宛
丹麦
爱尔兰
英国
荷兰
德国
波兰
比利时
卢森堡
捷克
斯洛伐克
奥地利
匈牙利
罗马尼亚
法国
斯洛文尼亚
克罗地亚
波斯尼亚和黑塞哥维那
黑山
阿尔巴尼亚
保加利亚
意大利
西班牙
葡萄牙
希腊
土耳其
叙利亚
以色列
巴勒斯坦
约旦
突尼斯
摩洛哥
阿尔及利亚
利比亚
埃及

图60　地中海联盟

60. 21世纪的新发展——地中海联盟

法国一直视地中海为自己的禁脔，自视为罗马帝国的继承者，它努力想把地中海再次打造成一个“内湖”。为了这个目标，在历史上法国一直都不遗余力地加强与地中海周边国家的友好关系，尤其是西班牙和意大利，而北非国家也是法国殖民帝国的重要组成部分。

随着殖民帝国的崩溃，法国的战略重心在20世纪70年代再次转移到地中海，蓬皮杜甚至提出了“地中海是地中海人的地中海”的口号。到德斯坦时，更是极其重视地中海的战略地位，要求加强法国在地中海的主导作用。他认为东西两边有苏美两个强权，北有英国，因此南下地中海，团结起北非和西亚国家，才能成为跨越三大洲的强国。西班牙和意大利与法国同为拉丁民族，而北非和西亚则是法国的传统势力范围，因此这个发展战略有着深厚的历史基础。

正是在20世纪下半叶，历史学家布罗代尔及其著作《腓力二世时代的地中海和地中海世界》变得极其畅销，此后经久不衰，这也是由于他的研究领域契合了法国的外交方向。

1995年，在希拉克的促动下，欧盟启动了“巴塞罗那进程”，计划与地中海周边的11个北非和中东国家建立经济、能源、移民等方面的合作关系，并最终建立自由贸易区。萨科齐在此进程的基础上，另辟“地中海联盟”设想。二者最大的不同点在于，前者中有法德两国参与，而地中海联盟的主导只有法国一家，这让德国颇感恼火。但这也正是法国寻求与德国相抗衡，抬高自身地位的重要途径。对于法国而言，地中海南岸丰富的石油、天然气和核工业市场非常有吸引力，依靠这一途径或还可解决北非非法移民的问题。

地中海联盟于2008年召开首脑会议，宣布正式成立，凡与地中海有交接的国家都被纳入到这个联盟中。在德国的抗议下，萨科齐才同意地中海联盟将不与地中海相接的欧盟成员国也囊括在内。巴黎被称誉“成为中东外交的舞台”，在首脑会议期间，阿拉伯国家和以色列、叙利亚与黎巴嫩以及以色列都有所接触，为中东和平进程提供了助力。

然而，虽然成立了地中海联盟，但是并非一帆风顺。土耳其因报复法国不同意其加入欧盟而曾经反对；利比亚也拒绝加入，仅作为观察员国。此后法国对埃及、叙利亚的干涉也显示了这个联盟的脆弱性，但也是法国急欲增强其在地中海世界势力和霸权的表现。

地中海周边的民族和文化极其错综复杂，有基督教、伊斯兰教、犹太教几大宗教矛盾存在，各国之间的领土矛盾也极难调和。更何况还有美国、俄罗斯对这里一直虎视眈眈，更加大了法国在此树立霸权的难度。但是，地中海连接了法国的过去，以及它对未来地缘利益的展望，“地盟”将走向何处，也是我们对法国未来发展的期待。

法国历代统治者

墨洛温王朝(481—751年)

克洛维一世,Clovis Ⅰ,481—511年

希尔德贝特一世,Childebert Ⅰ,511—558年

克洛塔尔一世,Clotaire Ⅰ,511—561年

希尔佩里克一世,Chilperic Ⅰ,561—584年

希尔德贝特二世,Childebert Ⅱ,511—558年

克洛塔尔二世,Clotaire Ⅱ,613—629年

达格贝尔特一世,Dagobert Ⅰ,623—639年

克洛维二世,Clovis Ⅱ,639—657年

克洛塔尔三世,Clotaire Ⅲ,657—673年

丕平一世,Pépin Ⅰ,—640年

丕平二世,Pépin Ⅱ,635—714年

查理-马特,Charles Martel,688—751年

加洛林王朝(751—987年)

丕平三世(矮子丕平),Pépin le Bref,751—768年

查理一世(查理曼),Charlemagne,768—814年

路易一世(虔诚者路易),Louis le Pieux,814—840年

查理二世(秃头查理),Charles Ⅱ le Chauve,843—877年

路易二世,Louis Ⅱ,877—879年

路易三世,Louis Ⅲ,879—882年

卡洛曼,Carloman Ⅱ,882—884年

查理三世,Charles Ⅲ,884—888 年
厄德,Eudes Ⅰ,888—898 年
查理三世,Charles Ⅲ,898—922 年
罗贝尔一世,Robert Ⅰ,922—923 年
拉乌尔一世,Raoul Ⅰ,923—936 年
路易四世,Louis Ⅳ,936—954 年
洛泰尔,Lothaire Ⅰ,954—986 年
路易五世,Louis Ⅴ,986—987 年

卡佩王朝(987—1328 年)

于格-卡佩,Hugues Ⅰ Capet,987—996 年
罗贝尔二世(虔诚者罗贝尔),Robert Ⅱ le Pieux,996—1031 年
亨利一世,Henri Ⅰ,1031—1059 年
腓力一世,Philippe Ⅰ,1059—1108 年
路易六世(胖子路易),Louis Ⅵ le Gros,1108—1131 年
路易七世,Louis Ⅶ le Jeune,1131—1180 年
腓力二世(奥古斯都),Philippe Ⅱ Auguste,1179—1223 年
路易八世,Louis Ⅷ,1223—1226 年
路易九世(圣路易),Louis Ⅸ,1226—1270 年
腓力三世(勇敢者),Philippe Ⅲ le Hardi,1270—1285 年
腓力四世(美男子腓力),Philippe Ⅳ le Bel,1285—1314 年
路易十世,Louis Ⅹ,1314—1316 年
腓力五世,Philippe Ⅴ,1316—1322 年
查理四世,Charles Ⅳ,1322—1328 年

瓦卢瓦王朝(1328—1589 年)

腓力六世,Philippe Ⅵ,1328—1350 年
约翰二世(好人约翰),Jean Ⅱ le Bon,1350—1364 年
查理五世,Charles Ⅴ le Sage,1364—1380 年
查理六世(疯子查理),Charles Ⅵ le Fou,1380—1422 年

查理七世,Charles Ⅶ le Victorieux，1422—1461 年

路易十一,Louis Ⅺ，1461—1483 年

查理八世,Charles Ⅷ，1481—1498 年

路易十二,Louis Ⅻ，1498—1515 年

弗朗索瓦一世,François Ⅰ，1515—1547 年

亨利二世,Henri Ⅱ，1547—1559 年

弗朗索瓦二世,François Ⅱ，1559—1560 年

查理九世,Charles Ⅸ，1560—1574 年

亨利三世,Henri Ⅲ，1574—1589 年

波旁王朝(1589—1792 年)

亨利四世,Henri Ⅳ，1589—1610 年

路易十三,Louis XIII，1610—1643 年

路易十四,Louis XIV，1643—1715 年

路易十五,Louis XV，1715—1774 年

路易十六,Louis XVI，1774—1792 年

法兰西第一帝国(1804—1814 年)

拿破仑一世,Napoléon Ⅰ，1804—1814 年

波旁王朝复辟(1814—1830 年)

路易十八,Louis XVIII，1814—1824 年

查理十世,Charles Ⅹ，1824—1830 年

奥尔良王朝(七月王朝,1830—1848 年)

路易-腓力,Louis-Philippe Ⅰ，1830—1848 年

法兰西第二帝国(1852—1870 年)

拿破仑三世,Napoléon Ⅲ，1852—1870 年

参考文献

底图的主要参考文献

张芝联、刘学荣:《世界历史地图集》,北京:中国地图出版社,2002 年

[德] 赫曼·金德等:《世界史百科》(两卷本),陈澄声译,广西人民出版社,2011 年

《钱伯斯世界历史地图》,三联书店,1981 年

《泰晤士世界历史地图集》,三联书店,1984 年

Cambridge Modern History Atlas, 1912

Historical Atlas by William R. Shepherd, 1923

主要参考文献

[法] 乔治·杜比 主编:《法国史》(三卷本), 吕一民 等译,商务印书馆,2010 年

[英] 科林·琼斯:《剑桥插图法国史》,杨保筠、刘雪红,世界知识出版社,2004 年

陈文海:《法国史》,人民出版社,2004 年

吕一民:《法国通史》,上海社会科学院出版社,2002 年

[法] 费尔南·布罗代尔:《法兰西的特性》(3 卷本),顾良、张泽乾,商务印书馆,1994—1997 年

张芝联 主编:《法国通史》,北京大学出版社,2009 年

[法] 罗伯特-福西耶 主编:《剑桥插图中世纪史》,第 2 卷,山东画报出版社,2008 年

Duby (Georges), direction, Histoire de la France urbaine, 5 vol.

Le Seuil, 1983

Lavedan (Pierre), Nouvelle Histoire de l'urbanisme à Paris. Paris, éd. Hachette, 1993

Rouleau (Bernard), Paris: Histoire d'un espace, Paris, éditions du Seuil, 1997

Emmanuel Le Roy Ladurie, Histoire de France des régions, Seuil, 2001

Pierre Nora, les lieux de memoire, 3 vols, Gallimard, 1993

Claude Gauvard, La Franceau Moyen Âge du Ve au XVe siècle, Paris, PUF, 1996, rééd. 2010

图书在版编目（CIP）数据

地图上的法国史 / 朱明 著.—2版.—上海:东方出版中心，2016.5（2020.5 重印 ）
(地图说史)
ISBN 978-7-5473-0938-4

Ⅰ.①地… Ⅱ.①朱… Ⅲ.①法国—历史—通俗读物 Ⅳ.①K565.09

中国版本图书馆CIP数据核字（2016）第048658号

地图上的法国史

出版发行 东方出版中心
地 址 上海市仙霞路345号
邮政编码 200336
电 话 021-62417400
印 刷 者 三河市德鑫印刷有限公司

开 本 710mm×1020mm 1/16
印 张 12.75
字 数 180千字
版 次 2016年5月第2版
印 次 2020 年 5 月第 5 次印刷
定 价 25.00元